KB158351

프로페셔널 스튜던트

PROFESSIONAL

김용섭 지음

프로페셔널
스튜던트

STU—

DENT

위기를
기회로 만드는
사람들의
생존코드

퍼블리온
Publion

"한국 학생들은 하루에 15시간 학교와 학원에서 열심히 공부를 하는데, 미래에 필요치 않을 지식과 존재하지도 않을 직업을 위해 소중한 시간을 낭비하고 있다."

- 앨빈 토플러 Alvin Toffler, 2008년 9월 아시아태평양포럼(서울)에서

"2030년이 되면 30%만 일자리를 가지고, 2050년이 되면 5% 정도만 일자리를 얻게 될 것이다."

- 제러미 리프킨 Jeremy Rifkin, 《노동의 종말》 개정판(2005)에서

"2030년 세계 대학의 절반이 사라진다. 4년 동안 발이 묶여 공부하는 지금의 대학 모델은 사라질 것이다."

- 토머스 프레이 Thomas Frey, 2013년 Futuristspeaker.com에서

"2029년 컴퓨터의 능력은 개별 인간을 뛰어넘고, 인공지능이 전 인류의 지적 능력의 총합을 완전히 넘어서는 시점인 Singularity(특이점)가 적어도 2045년에 올 것이다."

- 레이 커즈와일 Ray Kurzweil, 《특이점이 온다》(2005)에서

"미래의 수혜자 Beneficiaries는 기술을 적극적으로 받아들이는 사람들이 될 것이다. 전문적인 일을 하는 사람이라면, 또 직업을 유지하고 싶은 사람이라면 더 그렇다. 평생교육을 넘어 '직업이 학생 Professional Student'이 되어야 한다."

- 제이슨 솅커 Jason Schenker, 2020년 10월 <중앙일보> 인터뷰에서

우린 본능적으로 '공부'를 찾는다

프로페셔널 스튜던트Professional Student는 원래 부정적인 뉘앙스로 사용하던 말이다. 프로페셔널Professional(전문적인, 전문직 종사자, 전문가 등의 의미)도, 스튜던트Student(대학생, 학생, 수강생 등의 의미)도 각각은 전혀 부정적인 의미가 아니지만 이 두 가지가 결합되면 의미가 좀 달라진다. 프로페셔널 스튜던트는 직업은 갖지 않고 학위만 계속 쌓아나가는 대학생을 일컫는 말이었다. 공부가 좋아서 공부를 계속 이어가는 것이 아니라, 취직도 잘 안 되고, 사회생활하기도 두렵고, 성인으로서 책임도 회피하기 위해 대학생 신분을 유지하는 것이다. 다소 경멸하는 의도가 담겨 있고, 조금은 안타깝게 바라보며 쓰는 말이기도 했다. 이러한 사정은 우리나라도 마찬가지다. 휴학을 거듭하며 졸업을 계속 유예하거나, 취직이 안 되어 대학원에 진학하는 건 우리에게도 익숙한 현실이다.

하지만 시대가 바뀌니 말의 의미도 바뀐다. 시간과 공간의 제약을 받지 않고 누구나 온라인으로 전 세계 명문대의 수업을 마음껏 들을 수 있는 시대, 산업과 기술이 빠르게 변화하는 시대, 프로페셔널 스튜던트는 더 이상 대학에만 머물며 사회생활과 성인의 삶을 회피하는 온실 속 화초의 모습이 아니라, 치열하게 사회생활하면서 변화에도 신속히 대응하려고 상시로 공부하는, 계속 성장하고 진화하는 모습이다.

사회생활하면서 얼마든지 대학을, 그것도 전 세계 어느 대학의 수업이든 수강할 수 있는 시대가 되니, 프로페셔널 스튜던트는 어떤 변화와 위기에도 적응하고 살아남는 치열한 강자의 모습이 되었다. 프로페셔널 워커Professional Worker이면서 동시에 프로페셔널 스튜던트Professional Student가 앞으로 살아남을 사람이다. 롱런Long run 하려면 롱런Long Learn 해야 한다는 말이 괜히 나온 게 아니다. 당신의 미래가 달렸기 때문이다. 변화와 미래도 어떤 입장으로 보느냐에 따라 달라질 수 있다.

이 책은 기업과 산업, 혹은 사회와 정부의 입장이 아니라 개인의 입장에서 본 변화와 그에 따른 대응임을 미리 밝힌다. 아무리 경제가 성장하고 기술이 발달해 세상이 좋아지면 뭐하나? 그 속에서 개인의 삶이 더 나아져야지, 국가 경쟁력 높고 국민소득만 높다고 개인의 삶까지 다 좋아지는 건 아니다. 개인은 스스로가 지켜야 한다. 미래에 대한 대응도 자신을 지키기 위한 적극적인 행동이다.

당신은 코로나19 팬데믹이 종식되면 위기가 끝난다고 생각하는가? 아무 일 없었듯 좋은 세상이 될 거라 믿는가? 그런 생각은 너무 순진하다. 실상은 그 반대가 될 것이다. 팬데믹 이후 오히려 더 크고 심각한 진짜 위기가 시작된다. 팬데믹 자체를 위기라고 여겼던 이들도 많겠지만, 팬데믹이 초래한 변화의 가속화, 팬데믹이 초래한 경제 위기 등 팬데믹 이후에도 계속될 일들이 진짜 위기다. 팬데믹이 로봇과 인공지능, 자율주행과 자동화를 앞당기는 계기가 되었고, 당신의 일자리, 당신 자녀가 미래에 가질 일자리에 영향을 주게 되었다.

팬데믹 기간 동안 세계 각국은 재정을 확대하고 부채를

늘려 대응했다. 분명 위험이 될 선택인 줄 알면서도 그렇게 해서라도 버텨야만 했던 건, 비상사태이자 초유의 세계적 재난이었기 때문이다. 팬데믹 기간에 쌓인 재정적, 경제적 위기는 단기간에 해결되지 않을 것이고, 이를 극복하기 위한 고난의 시기가 팬데믹 종식 이후 시작된다. 기업뿐 아니라 개인의 생존력과 경쟁력도 시험대에 오를 것이다. 당신이 프로페셔널 스튜던트가 되는 건 선택이 아니라 필수다.

트렌드 분석가로서 사회와 산업, 기술, 비즈니스 등에 대한 미래나 트렌드 예측이 담긴 주제로 기업 강연을 자주 하는데, 강연 후 질의응답 시간에 가장 자주 나오는 질문이 다음 두 가지다.

첫 번째가 '우리 아이들에게 어떤 교육을 시켜야 할까요? 코딩 교육 시키면 되는지 궁금합니다. 미래에도 대학은 보내야 할까요?' 같은 질문이다. 사실 내가 기업 강연으로 가는 곳이 대부분 대기업, 중견기업, 공기업 등인데, 자신의 업무나 비즈니스에 대해 묻기보다 자신의 자녀들이 만날 미래와 그들에게 필요한 것을 많이 묻는다는 것은 주목할 일이다. 심지어 고위공무원이나 특수 임무를 하는 정부기관에 가서 강연할 때도 '대학 갈 아이가 있는데 어떤 전공을 선택하는 게 좋을까요?' 같은 자녀들의 진로와 교육에 대한 질문들이 많다.

분명 내가 하는 강연은 최신 트렌드에서 찾는 비즈니스 기회나 변화한 사회 트렌드가 우리의 일에 미치는 영향에 대한 얘기가 주를 이룬다. 나를 강연자로 섭외하는 기업들로선 임직원의 비즈니스 안목을 높이고 최신 트렌드를 이해시키기 위한 의도로 비싼 강연비를 들여 부르는데, 정작 직원들은 업무에 관련된 내용보다 개인적 궁금증에 더 주목한다. 자녀에 대한 교육열이 세계 최고인 한국이다 보니 이런 상황이 그리 놀랍지도 않다. 특히 팬데믹을 겪으면서 위기가 더 증폭되고, 변화가 더 빨라지자 자녀의 미래와 교육에 대해 고민이 깊어진 부모들이 많아졌다.

질문을 받을 때마다 간단하게 답을 해왔지만 좀 더 진지하게 답을 정리해볼 필요가 생겼다. 이 책은 그렇게 시작되었다. 왜 대학은 계속 무너져가는가? 아이들을 대학에 꼭 보내야 할까? 당신의 아이들에게 언제까지 입시공부만 시킬 것인가? 인류에게 특이점Singularity이 다가온다는데 무슨 공부를 해야 할까? 이런 질문들에 대한 답이 없다면, 우린 너무 불안해하며 자녀를 키울 것이다.

그리고 가장 자주 나오는 질문 중 두 번째가 '로봇과 인공지능이 일자리를 계속 대체해가면 우린 어떻게 살아남을까요? 어떤 일을 해야 하고, 어떤 전문성을 쌓기 위해 어떻게 공부를 해야 할까요? 철밥통이라던 공무원마저도 평생 직장이 사라지는 시대, 뭘 해야 계속 살아남을까요?' 같은 것들이다. 여기서도 화두는 공부다. 앞선 질문에서의 공부와 교육은 자녀를 위한 것이라면, 이 질문에선 직장인이자 어른인 자신을 위한 것이다.

여기에 대해서 답했던 내용들을 한번 정리해야겠다고 생각했다. 이런 질문은 모든 직장인들이자 어른들이 다 가지고 있는 것이고, 나조차도 이런 질문을 나 자신에게 오래 전부터 계속 해왔기 때문이다. 나는 지식정보를 파는 연구자이자 1인 기업이다. 즉 혼자 일하고, 위기든 기회든 다 혼자서 감당해왔고, 앞으로도 그럴 것이다. 대체 불가할 자신만의 콘텐츠이자 변화에 대응할 생존능력이 없으면 버틸 수 없는 일이다. 결국 미래에 대한 불안감을 없애려면 계속 공부하고 변화에 대응하는 수밖에 없다.

내가 하는 트렌드 분석이라는 일도 마찬가지다. 계속 공부해야 하는 게 일의 특성이다. 새로운 이슈가 무엇이고, 그것이 트렌드로서 어떤 의미를 가질지, 다른 트렌드로 어떻게 연결될지 계속 분석하고 공부한다. 한번 분석하고 연구한 트렌드 정보를 계속 써먹을 수도 없다. 공부를 멈출 수 없는 것이다. 덕분에 어떤 변화에도 두려움은 없다. 냉정하게 변화의 실체를 분석하고 그걸 흡수하고 대응할 뿐이다. 이 책에서 얘기하는 프로페셔널 워커Professional Worker이면서 동시에 프로페셔널 스튜던트Professional Student인 삶을 살아가는 것이다.

신기하게도 사람들은 최신 트렌드인 변화를 알려주고, 다가오는 미래의 실체를 알려줄수록 한결같이 '공부'와 '교육'에 대한 관심이 커진다. 변화를 인식하는 순간, 미래를 감지하는 순간, 우린 본능적으로 공부와 교육을 찾는다. 그건 지금껏 자신이 해왔던, 자녀를 위해 해왔던 교육들이 과거 버전이고, 변화 속에서 무용지물이 될 수 있다는 것을 알아차렸기 때문이다. 인류가 지금껏 진화해온 것도 다 공부 때문이다. 사회적 동물로서 서로가 가진 경험과 지식을 공유하고, 심화시키면서 인류 전체가 계속 진화해왔다.

공부는 사전적 의미로 학문이나 기술을 배우고 익히는 것이다. 공부는 대학 가려고만 하는 것도 아니고, 미성년인 학생들의 전유물도 아니다. 살아가며 평생 공부와 떨어질 수 없는 게 우리 인생이다. 특히 지금 시대를 살아가는 우리는 더욱더 그러하다.

지금 시대를 가장 단적으로 표현하는 말이 뉴노멀New

Normal일 것이다. 과거의 익숙하던 것들이 사라지고, 어제의 정답이 오답이 되기도 하고, 새로운 기술, 새로운 산업, 새로운 문화가 우리 일상을 바꾸는 시대이기 때문이다. 이건 단지 현재만 해당하는 게 아니다. 앞으로 우리가 맞이할 미래로 이어지는 흐름이다. 결국 뉴노멀 시대에 적응하고 살아남으려면 우린 새로운 공부를 계속 해야 하는 것이다.

점점 더 빨리 바뀌는 세상에서 지속적으로 공부하며 새로운 변화에 계속 대응할 필요가 생겼다. 우리는 위기가 찾아오면 본능적으로 공부를 찾는다. 대비된 위기는 결코 위험하지 않다. 얼마든지 이겨낼 수 있고, 오히려 그것을 기회로 삼아 도약할 수도 있다. 그래서 위기의 시대는 진짜 실력자들에겐 성장할 좋은 기회가 된다. 그런 점에서 프로페셔널 스튜던트는 지금 시대의 가장 중요한 트렌드 이슈이자, 우리에게 당면한 과제다.

이 책의 시작에 미래학자 다섯 명의 말을 인용한 이유가 있다. 시대를 초월해 과거부터 현재까지, 세계적으로 손꼽히는 미래학자들이 한결같이 교육과 직업에 대해 예측하는 것은 그것이 우리에게 가장 중요한 일이기 때문이다. 개인의 인생에서 교육과 직업이 차지하는 비중이 가장 클 것이고, 부와 명예도 결국 그것과 연결된다. 그리고 개인의 영역에서 그치지 않고 사회와 경제에서도 가장 중요한 요소가 되는 것이 바로 직업과 교육이다.

오랫동안 앞서 소개한 다섯 명의 미래학자를 비롯, 수많은 미래학자의 주장과 연구를 접했고, 필자도 연구와 분석을 통해 트렌드와 미래를 예측하는 일을 하다 보니 자연스럽게 직업과 교육의 미래에 대한 관심이 클 수밖에 없다. 이에 한국적 상황을 반영해 좀 더 구체적이고, 현실적인 차원으로 교육과 직업을 둘러싼 화두를 해석해서 제시하고자 한다. 이것이 이 책의 의도이자 목적이다. 오래전부터 이 주제로 연구해왔는데, 팬데믹 이후 더 급변해질 상황을 앞두고 이 책을 출간하기로 했다.

아마 이 책을 읽을 독자 중 가장 많은 이들이 직장인이거나, 초중고 자녀를 둔 부모일 것이다. 자신을 위해서도, 자녀를 위해서도 우린 프로페셔널 스튜던트가 되어야 한다. 누가 미래에 살아남을지가 바로 여기에 달렸다고 해도 과언이 아니기 때문이다. 그리고 가급적 이 책은 부모와 자녀가 함께 읽기를 권한다. 읽고 토론하기도 권한다. 책의 내용을 자신의 것으로 만드는 가장 좋은 방법은 읽고, 토론하고, 그 속에 자신의 상황을 적용해보는 것이다. 직장인들도 혼자보다는 함께 스터디그룹을 만들어서 공부하길 권한다.

2021년은 적극적으로 행동해야 하는 해다. 행동하기 위해 우린 방향과 속도를 잘 읽어야 하고, 과감하게 변화에 맞서야 한다. 급변하는 뉴노멀 시대, 어른들의 진짜 공부가 시작되어야 한다. "(가짜) 공부하지 말고 (진짜) 공부하라!" 이 말의 의미가 책을 읽는 내내 되새겨질 것이다.

2021년 봄
트렌드 분석가
김용섭

Contents

Part 2

프로페셔널 스튜던트에게
대학이란?

Part 3

프로페셔널 스튜던트에게
직업, 직장이란?

Part 4

프로페셔널 스튜던트를 위한
진짜 공부는 무엇일까

진짜
위기의 시작!

Part 1

실력자만
살아남는다

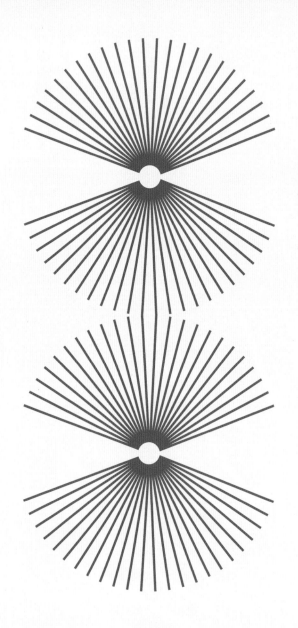

팬데믹이 종식되면
위기가 끝난다고 믿는가?

최악의 2020년을 보낸 사람들이 백신이 보급되는 2021년을 희망의 해로 여긴다고 한다. 물론 코로나19 팬데믹이 종식된다면 희망의 해가 맞을 수 있다. 하지만 우리에게 닥친 위기가 끝난다고 생각하면 오산이다. **오히려 진짜 위기는 이제 시작이다.** 제2, 제3의 코로나 바이러스가 나타나거나 새로운 팬데믹이 올 가능성 때문에 이렇게 얘기하는 게 아니다. 코로나19 팬데믹이 초래한 산업과 기술의 진화 속도가 빨라지고, 사회 시스템의 방향도 일부 조정되었기 때문이다.

팬데믹 이후 세상은 다시 안정을 찾고, 글로벌 경제는 다시 활발해지겠지만, 일자리 구조는 확실히 커다란 변화를 겪을 것이다. 로봇과 인공지능, 자동화에 의한 일자리 대체는 예전부터 예견된 방향이지만, 그 속도가 더 빨라졌다. 당장 당신의 일자리가 위태로워졌다. 기업들은 2021년 신규 채용을 크게 줄였다. 반대로 구조조정으로 임직원 수를 줄이고, 조직의 효율성 극대화를 도모하고 있다. 이미 시작된 일이다. 취업하지 못한 대학 졸업생들은 팬데믹이 끝나면 새로운 기회가 더 주어질 거라 희망하지만, 실제로 취업의 문은 더 좁아진다. 취업한 직장인들의 자리도 더 줄어든다. 이건 개인이 겪을 가장 큰 위기다.

팬데믹이 종식되면 경제는 빠르게 회복될 것이다. 산업도 안정을 되찾고 일부 산업은 더 크게 성장할 것이다. 사회도 안정되고, 다시 세계가 서로 교류하고, 여행할 것이다. 하지만 이런 상황에서 제외되고 외면될 개인은 훨씬 많아질 것이다. 팬데믹을 계기로 변화한 수많은 것들이 경쟁력 없는 개인들에겐 심각한 위기를 초래할 것이기 때문이다. **결코 세상은 공평하지 않다. 기회도 각자 다르게 주어지고, 능력도 각자 다르다. 현실은 현실이다. 현실을 간과한 채 이상만 바란다고 세상이 달라지지 않는다.**

순진한 것은 무능한 것이다. 팬데믹이 끝나면 2019년의 삶으로 고스란히 돌아갈 거라는 생각은 아주 나이브한 발상이다. 그만큼 비즈니스에 대한 감이 없다는 얘기도 된다. 나이브하다Naive는 국어사전에도 등재된 외래어다. '순진하다, 천진하다' 정도의 의미로 쓰는 사람들이 있는데, '경험이나 지식이 부족해서 순진하다'는 부정적인 뉘앙스를 담고 있다. 특히 어른들에게, 그것도 비즈니스하는 상대에게 쓸 때는 아주 못마땅하다는 뜻이다. 그렇다. 순진한 건 무능한 것이고, 무능하면 위기를 부른다.

거대한 태풍이 지나가고 나면 아무 일 없었듯이 되는 게 아니다. 불던 바람이 멈춘다고, 내리던 비가 멈춘다고 태풍 불기 전으로 돌아가는 게 아니다. 때론 있던 길이 사라지고, 다리가 무너지고, 물길도 바뀐다. 물에 잠긴 집이나 쓰러진 농작물도 많다. 복구하는 데 몇 달, 아니 몇 년이 걸릴 때도 있다.

그런데 코로나19 팬데믹은 우리가 겪어오던 태풍과는 다른 수준이다. 팬데믹이 끝났다고 마스크 벗고, 사람들과 편하게 마주보며 만날 수 있는 게 전부일까? 팬데믹을 계기로 방향과 속도를 수정한 산업과 기업이 경제와 일자리에 영향을 주고, 사회와 정치도 변화를 맞는다. 기업은 변화 속에서 기회를 찾아낼 것이다. 무너질 기업도 많겠지만, 더 성장할 기업도 많다.

하지만 개인은 다르다. 기회보다는 위기가 더 많을 것이다. 비슷한 수준이라 여기던 사람들 사이에서도 격차가 벌어진다. 그렇다고 낙담하진 말라. 코로나19 팬데믹은 공교롭게도 새로운 시대를 열어갈 분기점으로 작용한다. 다크호스와 흙수저들의 역전도 많아질 수 있다. 과거의 관성을 과감하게 빨리 잊을수록, 다가온 미래를 더 잘 보고 받아들일 수 있다. 새로운 시대에 잘 적응하는 이들이 유리한 건 당연하다.

세상이
5년쯤 앞당겨졌다!

코로나19 팬데믹을 계기로 기업들의 디지털화, 즉 디지털 트랜스포메이션Digital Transformation이 5년쯤 앞당겨졌다고 한다. 디지털 트랜스포메이션은 개별 기업들의 사업 구조만 바꾸는 게 아니다. 산업과 경제 구조를 바꾸고, 일하는 방식과 일자리도 바꾼다. 인재상도 바꾸고 교육도 바꿀 수밖에 없다. 정치도 행정도 바뀔 수밖에 없다. 팬데믹이 세상의 변화를 5년쯤 앞당긴다는 것은, 이런 변화에 바로 대응하지 못하는 이들이 5년쯤 뒤처진다는 얘기도 된다. **냉정하게 말하면, 세상이 빨리 바뀌면 개인으로선 기회보다 위기가 더 많다.**

팬데믹이라는 터널에 들어섰을 때 25세였는데, 1년 뒤에 터널을 나와 보니 세상은 5년 뒤인 30세에 기대했던 세상으로 변해 있을 수 있다. 5년이 걸릴 만한 디지털화가 1년 안에 일어날 수 있다. (…) 디지털 혁신이 팬데믹 이면에 숨겨져 있지만, 대폭발이 있을 것이다. 이것은 거대한 창의적 파괴의 시대를 촉발할 것이다.

2020년 12월, 토머스 프리드먼Thomas Friedman이 〈매일경제〉 인터뷰에서 한 말이다. 그가 한 말 중에 팬데믹으로 5년 걸릴 디지털화가 1년 만에 이뤄졌다는 메시지와 디지털화가 기업과 산업뿐 아니라 사회 전체를 크게 바꿀 것이라는 메시지를 인용한 건, 그가 가진 신뢰와 명성 때문이다. 사실 토머스 프리드먼의 인터뷰가 있기 전부터, 필자도 그렇게 생각했고, 세계적으로도 이런 메시지를 얘기하는 이들은 무수히 많았다. 디지털 트랜스포메이션에 직접적으로 연관된 IT 기업들의 실적도 수년을 앞당긴 변화라는 것이 드러날 정도다. 그만큼 가시화된 변화이고 이미 현실이 된 미래라는 얘기다.

토머스 프리드먼은 〈뉴욕타임스〉를 대표하는 인기 칼럼니스트로 한 번 받기도 어렵다는 퓰리처상을 이미 세 번이나 받았다. 그의 저서 《세계는 평평하다The World Is Flat: A Brief

History Of The Twenty-first Century》(2005), 《경도와 태도Longitudes and Attitudes: Exploring the World After September 11》(2002), 《렉서스와 올리브나무The Lexus and the Olive Tree》(2000) 등은 세계적 베스트셀러가 되기도 했다. 그는 언론인이면서, 글로벌화 신봉자이자 세계적인 국제 문제 전문가이기도 하다. 그의 말과 글을 통해서도 미래의 변화를 엿볼 수 있기에, 그는 미래예측 분야에서도 주목되는 스피커다.

그가 한 말 중에서도 두번째 말이 사실은 더 파괴적이다. 팬데믹을 겪으며 보건과 건강 위기만 생각하며 전염병과 싸우고, 거리두기로 겪는 불편만 생각했던 이들이 많겠지만, 그 이면에서 아주 강력하고 엄청난 변화가 일어났기 때문이다. 디지털 혁신의 범위가 넓어지고 속도가 빨라진다는 건 우리 일상에서부터 산업과 기업, 사회, 경제에 이르기까지 새로운 시대를 맞이한다는 의미다. 다시 팬데믹 이전 상황으로 돌아가지 않는다는 의미이자, 판이 바뀐다는 의미다. 팬데믹 종식 이후 마스크를 벗어도 결코 2019년과 같은 세상은 존재하지 않는다.

세상이 5년쯤 앞당겨지면 로봇과 인공지능에 의한 일자리 대체도 그만큼 앞당겨진다. 코로나19 팬데믹은 사람이 가장 큰 리스크가 된다는 것을 깨닫게 했다. 기업들은 확진자가 한 명 생기면 생산 라인을 중단하고, 건물을 폐쇄하고, 물류센터를 닫아야 했다.

리스크를 해소하기 위해선 자동화에 투자할 수밖에 없다. 공장자동화, 물류자동화, 사무직의 업무자동화가 가속화되고, 로봇이 서비스업을 비롯해 가정까지 속속 들어온다. 카페에서도 바리스타 로봇이 확대되고, 서빙 로봇 수요도 커졌으며, 병원에서 서비스 로봇이 의료용품을 가져오거나, 쇼핑몰에 사람 대신 로봇이 안내를 맡는 일도 늘어났다. 농업에서도 일꾼 대신 농업용 로봇으로 대체가 본격 시작되었고, 배송에서도 자율주행 배송 로봇을 적극 시도하게 되었다. 이번 팬데믹이 우리의 일자리를 로봇으로 대체하는 상황을 더 앞당기는 결정적 계기가 되었다.

미래가 빨리 온다고
좋은 걸까?

로봇에 의한 일자리 대체는 갑자기 나온 이슈가 아니다. 미래학자 제러미 리프킨Jeremy Rifkin은 《노동의 종말》(1995)에서 자동화와 인공지능 기술의 발전으로 노동자가 거의 없는 경제로 향해간다고 예측했는데, 그의 예측은 이미 현실이 되었고, 고용 없는 성장이 계속되고 있다. 오래전부터 기술과 자동화가 일자리를 대체하는 것에 대해 우리가 관심을 가진 것은 기술적 진화가 우리에게는 위협적 상황이 될 수 있기 때문이다.

　아무리 기술적 진화가 좋아도 사람이 함께 살아가야 하

고, 인간의 노동권을 보장하기 위해서도 로봇을 제한적으로 받아들여야 한다는 시각도 있다. 하지만 로봇과 인공지능, 자동화를 채택할 주체는 노동자가 아니라 기업이다.

로봇과 인공지능에 대한 연구가 돋보이는 미래학자 마틴 포드Martin Ford는《로봇의 부상》(2015)에서 "합리적인 기업가라면 인력을 절감할 수 있는 기술이 나올 경우, 거의 예외없이 그 유혹을 뿌리치지 못한다"면서, 인공지능을 탑재한 로봇이 사람과 일자리를 두고 경쟁하는 시대가 필연적이라고 얘기했다.

사람의 일자리를 유지하기 위해, 로봇과 인공지능, 자동화를 외면할 기업가가 있을까? 생산성과 효율성이 높고 비용마저 절감할 수 있는 방법을 두고서도 외면하는 기업가라면 주주 입장에서도, 임직원 입장에서도 달갑지 않을 수 있다. 결국 로봇을 외면할 수 없을 거란 얘기다.

옥스퍼드 마틴스쿨Oxford Martin School의 칼 베네딕트 프레이Carl Benedikt Frey와 마이클 오스본Michael A. Osborne 교수가 2013년 9월에 발표한 〈고용의 미래The Fture of Employment〉 보고서에서, 자동화와 기술 발전으로 미국 노동시장에서 10~20년 안에 전체 일자리 중 47%가 사라질 가능성이 70% 이상이라고 예측했다. 즉 2013년의 20년 후인 2033년까지 미국에서 일자리의 절반 정도가 사라질 수 있다는 애기다. 물론 100% 가능성이 아닌 70% 이상의 가능성이라고 했으니 일자리가 반토막이 나지 않을 수도 있다. 하지만 일자리가 크게 줄어드는 것은 분명하다.

"2030년이면 20억 개의 일자리가 사라질 것이다"는 토머스 프레이가 2012년에 주장한 예측이다. 설마 저렇게 많이 사라지겠어? 역시 미래는 극단적이고 부정적으로 예측하고 강하게 주장해야 솔깃할 테니 저렇게 말한다고 생각했던 사람들도 있었을 것이다. 그가 예측한 지 8년이 지났고, 이제 그의 예측이 맞을지 확인하는 데 10년도 채 안 남았다. 앞서 두 예측 모두 2030년쯤 일자리가 절반쯤 사라지는 가혹한 미래를 공통적으로 제시했다.

2020년 말 기준 세계 인구수는 약 78억 명이다. 이들 모두가 일자리를 가진 건 아니다. 우리나라는 2019년 기준으로 경제활동 인구가 2,818만 6,000명이다. 만 15세 이상의 경제활동 가능 인구가 4,450만 명이니 그중 63.3%가 실제 경제활동을 하고 있다. 같은 시기 전체 인구가 약 5,170만 명이니, 전체 인구 대비 경제활동 인구, 즉 일자리를 가진 이들은 54.5% 정도다. 이를 그대로 전 세계로 적용한다고 가정하면, 78억 명 중 40억 명 정도가 일자리를 가진 셈이고, 이것이 2030년에 20억 개가 사라지니 기존 일자리가 반 토막이 난다는 얘기가 된다. 지금도 일자리가 부족한 상황인데, 이보다 절반으로 줄어든다는 건 가혹한 상황이다.

앞선 두 가지 예측과 맥락은 비슷하지만, 줄어드는 일자리 폭은 상대적으로 적은 예측도 있다. 글로벌 컨설팅 기업 맥킨지McKinsey&Company는 전 세계 46개국(GDP 기준으로 전 세계의 90%를 차지하는), 800개 이상의 직업을 대상으로 자동화 시대 일자리 변화를 분석한 〈Jobs lost, jobs gained: Workforce transitions in a time of automation〉 보고서를 발표(2017년 11월)했다. 이 보고서에 따르면, 2030년까지 전 세계에서 자동화로 전체 노동자의 15~30%가 대체되고, 인력 숫자로는 최대 8억 명에 이를 것이라고 봤다. 한국은 일자리의 25%가 자동화로 대체될 것으로 예상했다. 물론 줄어드는 일자리 말고, 새롭게 만들어질 일자리도 꽤 많을 것으로 봤다. 그래서 2030년까지 전 세계에서 최대 3억 7,500만 명의 인력이 직종을 전환하고 새로운 기술을 습득해야 할 것으로 봤다. 미국과 독일에선 전체 인력의 1/3이 직업을 전환해야 할 것으로 봤다.

앞선 예측들 모두 팬데믹이란 변수는 고려하지 않고 만들어진 것이다. 코로나19 팬데믹은 세계적으로 초유의 일로 인류에게 불안과 공포를 극대화했고, 이런 상황에서 산업이 멈추지 않기 위해서 로봇과 인공지능에 의한 일자리 대체는 더 가속화되었다. **팬데믹을 계기로 기업들의 디지털 트랜스포메이션, 스마트 팩토리, 로봇과 인공지능, 자율주행 자동차에 이르기까지 자동화 이슈는 더 확대되었다.**

미래의 사람들은
2020/2021년을
다르게 기억할 것이다

당신에게 2020/2021년은 코로나19 바이러스로 인한 팬데 믹과 마스크 쓴 것만 기억될지 모른다. 하지만 10년 후 미래 의 사람들에게 2020/2021년은 팬데믹보다 로봇이 인간 사 회에 본격 진입한 해로 기억할지 모른다. 2020년을 계기로 로봇, 인공지능, 자율주행 자동차 분야가 급성장했다. 막연 한 미래에서만 그렸던 로봇과 인공지능, 자율주행 자동차 와 공존하는 삶이 현실이 되기 시작했다. 이는 기술의 문제, 산업의 문제가 아니라 바로 당신의 생존에 대한 문제다. 미 래의 당신, 당신의 자녀들이 겪을 일자리 문제이자, 그들이 가질 경쟁력을 위해 어떤 공부를 하고, 어떤 스킬을 쌓아야 하는지가 걸린 문제다. 코로나19 바이러스에 올인하며 더 중요한 문제를 외면하는 실수를 범하지 말아야 한다.

삼성전자, LG전자, 현대자동차, 이 세 회사는 한국을 대표하는 글로벌 기업이자, 모두 로봇 사업을 미래 먹거리로 보고 투자하기 시작해서 2020년을 기점으로 투자를 적극 확대했다는 공통점이 있다.

2017년부터 로봇 사업을 본격화한 LG전자는 다양한 용도의 서비스 로봇을 만들었는데, 2021년부터 미국에서 방역작업을 할 수 있는 자율주행 로봇인 'LG클로이 살균봇'을 판매하기 시작했다. 로봇사업센터도 2021년부터 B2B(기업 간 거래) 글로벌 영업망을 가진 BS Business Solution 본부로 이관했다. 본격적인 판매를 통해 비즈니스 성과를 내겠다는 의도다. 미래의 먹거리로만 바라봤던 로봇 사업이 이제 현실의 먹거리가 되고 있는 것이다.

삼성전자는 이미 2001년에 가정용 로봇(iCOMAR)을 출시했고, 2002년에는 휴머노이드 로봇 개발도 시도했는데, 연구 차원의 로봇 개발이 아니라 본격적 로봇 사업은 2018년부터다. CES 2019에서 인공지능 AI 로봇인 '삼성봇 Samsung Bot'과 '웨어러블 보행 보조 로봇 GEMS, Gait Enhancing & Motivating

삼성전자가 개발한 인공지능AI 로봇 '삼성봇 에어'. 미래의 먹거리로만 바라봤던 로봇 사업은 이제 현실의 먹거리가 되고 있다. (출처 : 연합뉴스)

System'을 공개했다. CES 2020에선 집안 곳곳을 굴러다니며 가전제품을 관리하고, 비서 역할을 하는 공 모양의 AI 로봇 '볼리'를 공개했고, CES 2021에서도 삼성봇의 새로운 버전들을 공개했다. 2020년을 기점으로 삼성전자도 로봇에 대한 투자를 늘렸고, 2021년부터 로봇 판매도 본격화할 것으로 보인다.

현대자동차는 2020년에 세계 최고 로봇 기술회사로 꼽히는 보스턴다이나믹스Boston Dynamics를 인수했고, 이미 2018년부터 산업용 웨어러블 로봇 벡스H-VEX와 의자용 로봇, 의료와 서비스용 보조 로봇도 개발하는 로보틱스팀을 신설해 운영해왔다. 현대자동차는 로봇 기술을 자율주행에도 활용한다.

이들 세 회사가 공교롭게도 로봇에 대한 투자를 크게 늘리고, 사업부 이관을 결정한 시점이 2020년이다. 우연이 아니다. 2020년은 팬데믹의 해가 아니라 로봇 사업이 성장하는 변곡점이기 때문이다.

스트래티지 애널리틱스SA에 따르면, 2019년 310억 달러 규모였던 글로벌 로봇 시장은 2020년 444억 달러 규모로 성장했다. 2025년까지 연평균 32% 성장해 1,772억 달러 규모가 될 것으로 봤다. 여기서 가장 주목할 부분은 팬데믹 이전의 최근 5년간 연평균 13% 정도 성장했는데, 팬데믹 이후 5년간 연평균 32% 성장이 예상된다는 점이다. 팬데믹을 기점으로 성장세가 2.5배 정도 늘어난 셈이다. 로봇 시장의 급성장은 우리 일상에 로봇이 본격적으로 들어온다는 의미이자, 로봇의 노동력 대체가 더 늘어난다는 의미도 된다.

2020년은 자율주행 자동차에도 중요한 계기가 되었다. 글로벌 회계컨설팅 기업인 KPMG가 2020년 7월 발표한 〈2020 KPMG AVRI(자율주행차 도입 준비 지수Autonomous

Vehicles Readiness Index 〉〉에 따르면 2019년 AVRI를 집계한 25개 국 가운데 올해 17개국의 AVRI 점수가 올라가는 등 대다수 의 국가에서 자율주행차 도입 준비를 대폭 강화한 것으로 나타났다. 테슬라가 완전 자율주행차를 테스트 버전으로 만들어 발표한 것도 2020년이고, 글로벌 자동차 회사들의 자율주행 경쟁도 치열하다.

아마존이 2020년 6월 인수한 자율주행 스타트업 죽스 Zoox가 2020년 12월에 자율주행 택시를 공개했다. 핸들과 가속 페달, 브레이크 등 사람이 직접 제어할 수 있는 장치 가 아예 없다. 운전석, 조수석의 개념도 없고, 최대 4명이 마 치 기차 객실처럼 서로 마주 앉는다. 미국 네바다주 라스베 이거스, 캘리포니아주 샌프란시스코와 포스터시티 등 3개 도시에서 기술 및 안전성 테스트를 위한 시험 주행을 하고 있고, 샌프란시스코와 라스베이거스에서 모바일 앱 기반의 차량 공유 서비스를 시작한다. 자율주행 택시가 상용화되 면 사람 외에도 물건 배송에 활용할 여지가 크다. 아마존은 자율주행 배송 로봇 스타트업인 디스패치Dispatch 인수 후 스 카우트Scout를 개발해 상용 서비스까지 시작했다.

아마존은 자율주행과 관련해 오로라 이노베이션Aurora Innovation에 5억 3,000만 달러 투자, 리비안Rivian에 7억 달러 투자, 죽스를 약 12억 달러에 인수했으며, 중국의 자율주행 스타트업 위라이드WeRide와 로보택시 시범 운행, 토요타Toyota와 자율주행차, 커넥티드카 개발을 위한 주행정보 플랫폼 구축 협약, 폴크스바겐Volkswagen, 엔비디아NVIDIA, 우버Uber, 자율주행 전문 기업 앱티브APTIV 등과 협력 관계를 구축했다.

자율주행 자동차는 자동차 제조사뿐 아니라, 아마존, 구글, 애플 등을 비롯 IT 기업이나 유통기업 등 다양한 분야의 기업들이 다 뛰어들었다. 그만큼 산업적 활용도가 크고, 시장도 크기 때문이다. 택시기사와 택배기사가 줄어들거나, 물류이동하는 트럭운전기사의 일자리가 사라지는 것도 자율주행과 연결되는 미래다.

중국에서도 많은 기업들이 자율주행 배송 로봇을 다양하게 시범 운영하고 있다. 심지어 한국에선 자율주행 기술을 우편물 배달에도 적용해 자율주행 이동우체국과 우편물 배달 로봇, 집배원 추종 로봇을 2020년 10월 세종시에서 공개했는데, 2021년에 테스트로 운영된다. 세종시가 자율주행 규제자유특구이자 시범 운행지구, 실외 로봇 특구로 지정되었기에 국내에서 다양한 테스트가 그곳에서 이루어질 것이다. 분명한 건 국내외에서 2020년에 자율주행차, 자율

택배 배송하는 로봇 (출처 : 연합뉴스)

주행 배송 로봇에 대한 투자와 테스트, 시범 운영이 크게 늘었다는 점이고, 결국 우리가 현실에서 누리게 될 상용화 시점도 좀 더 앞당겨질 것이다. 2021년 속도가 빨라진 혁신의 사례들을 더 많이 목격하게 된다.

인공지능과 챗봇, 가상현실과 증강현실AR, 핀테크, 에듀테크 역시 흥미롭게도 2020년을 산업 성장의 변곡점으로 삼고 있다고 해도 과언이 아니다. 관련한 산업만 급성장할 기회를 만난 게 아니라, 그로 인해 우리의 라이프스타일과 일하는 방식, 일자리 등도 영향을 받기 때문에 우린 2020/2021년을 팬데믹의 해가 아닌 새로운 시대의 시작으로 기억해야 할 것이다. **글로벌 IT 기업들이 퀀텀 점프*한다고 할 정도로 비약적 도약과 성장의 계기를 만들어낸 것도 팬데믹 효과다. 당연히 팬데믹 이후에 더 거침없이 산업적 주도권과 사회, 문화, 경제를 장악할 것이다.** 2020/2021년 당신은 어떤 준비를 했고, 어떤 기회에 다가섰고, 어떤 선택을 했는지 10년 후 되새겨보라. 인생의 중요한 기점이었다고 스스로 말하게 될 것이다.

---

* 물리학에서 양자가 어떤 단계에서 다음 단계로 갈 때 계단을 뛰어오르듯 점프하는 현상을 일컫는데, 기업이나 산업이 단계를 뛰어넘어 비약적으로 발전하는 것을 말한다.

누가 진짜
실력자인가?

'실력이 없어서 네 자리가 없다'와 '실력은 있지만 네 자리는 없다' 둘 중에 어떤 상황이 더 힘빠지게 할까? 둘 다 일자리를 구하지 못한 건 같지만, 전자는 실력이 없어서 떨어졌지 실력이 있다면 붙을 수 있었다. 즉 노력하면 기회가 있단 얘기다. 후자는 실력과 무관하게 일자리 자체가 없단 얘기다. 노력도 희망도 의미없어진다.

지금까지는 열심히 노력하면 성적도 오르고, 좁은 문도 통과할 줄 알았다. 그런데 열심히 하는 것과 무관하게 일자리 자체가 계속 줄어가는 시대에는 노력 자체가 무모하고 허무할 뿐이다. 이런 상황만큼 우리를 불안하게 만드는 게 또 있을까? **오늘보다 내일이 더 나으리란 희망이 있어야 사람들은 노력도 하고, 꿈도 꾼다. 결국 세상이 우리의 미래를 불안하게 만들기 때문에 믿을 건 자기 자신뿐이다. 더 외롭고 치열한 자기 진화를 준비할 수밖에 없다.**

위기가 심화될수록 금수저는 유리하다. 바꿔 말하면 위기의 시대 흙수저는 더 불리하다. 사실 금수저라는 말을 요즘 흔히 써서 그렇지, 동서고금을 막론하고 부는 늘 대물림되고 금수저의 힘은 막강했다. 과거에도 그랬고 앞으로도 그럴 것이다.

양극화는 더 심화되고, 불리한 흙수저에겐 공부가 유일한 무기다. 개천에서 용 난다는 말도 결국 '교육'을 통한 신분 상승의 기회를 잡아서 가능한 것이다. 부자가 되는 최고의 방법은 부자의 자식으로 태어나는 것이지만, 그다음 방법은 공부를 해서 부자가 되는 것이다. 입시에서 좋은 점수 받아 명문대에 가고, 열심히 공부해서 행정고시나 사법고시에 합격해 판검사, 변호사, 고위공무원 되고, 의대 가서 의사 되는 것이 과거부터 이어져온 공부로 출세하는 가장 확실한 방법이었다. 지금은 안 된다.

한국장학재단은 대학생 가정의 월소득을 10개 분위로

구분해 장학금을 차등 지급하고 있다. 즉 부모의 월소득 금액에 따라 10개의 구간을 만들었는데, 가장 높은 10분위는 1,424만 원 초과이고, 9분위는 949만~1,424만 원이다. 즉 10분위가 되려면 부모의 연봉 합산액이 최소 1억 7,000만원 이상이어야 하고, 9분위도 약 1억 1,400만 원이 넘어야 한다.

이를 토대로 보면, 2020년 대학 신입생(1학기) 기준으로 SKY(서울대·고려대·연세대)의 10분위 비율은 37.9%다. 9, 10분위를 합치면 55.1%가 된다. 이는 SKY를 제외한 나머지 전체 대학의 9, 10분위를 합친 비율이 25.6%이고, 10분위는 12.2%인 것과 비교하면 큰 차이가 있음이 드러난다. SKY의 9, 10분위 비율이 2013년에는 40.4%였고, 2016년에 45.6%, 2018년 51.4%를 지나 2019년 53.3%, 2020년 55.1%인 걸 보면, 확실히 명문대 가는 게 그냥 머리 좋고 공부 잘한다고 되는 게 아니라, 부모의 재력이 필요함을 보여준다.

특히 SKY 의대는 9, 10분위 비율이 74.1%, SKY 로스쿨은 58.3%였다. 이중에서도 서울대 의대는 84.5%, 서울대 로스쿨은 69.2%였다. 서울대 의대 다니는 5명 중 4명 이상, 로스쿨 다니는 3명 중 2명 이상은 부모가 연간 수억 원씩 번다는 얘기다. 의대 전체(전국 40개 의대)를 따져봐도 52.4%가 9, 10분위다.

소득에 따라 차등 지급하는 한국장학재단의 장학금과 달리, 국가장학금은 애초에 1~8분위까지만 지급 대상인데, 2020년 1학기 전국의 의과대학 신입생 중 국가장학금을 받은 경우는 16.8%다. 비싼 등록금을 내고 의대에 다니지만 국가장학금을 신청할 수 있는 이들이 그만큼 적다는 건 부모의 소득이 많기 때문이다. 사실 8분위라고 해도 고소득층은 아니지만 월소득 712~949만 원이다. 적어도 연봉 1억은 된다는 얘기다.

의과대학 신입생이 받은 국가장학금 중에서도 8분위가 1/4 이상을 차지한다. 반면 기초생활수급자는 1.2%에 불과하다. 소득 기준으로 보면, 신청만 하면 무조건 받을 수 있는 1, 2분위가 전체 장학금 수령자 중 6.7%에 불과하다는 것은 애초에 의대에 저소득층 자녀가 거의 없다는 방증이기도 하다. 그나마도 1, 2분위로 국가장학금을 받은 의대 신입생은 수도권 이외의 지방 의대가 대부분이라고 한다.

이런 상황에서 그냥 열심히 공부만 하면 된다고 자녀들에게 얘기할 수 있을까? 입시가 실력을 가늠하기보다 시험 잘 치는 기술을 가늠하는 성격이 되다 보니, 시험 기술을 비싼 사교육으로 잘 배운 이들이 유리할 수밖에 없다. 그런데 이건 대학 가는 데만 쓰일 뿐 대학 나와서 사회생활에 쓰일 기술이자 실력과는 무관하다. 그러니 흙수저는 더더욱 시험 기술이 아니라, 실력 자체에 주목할 수밖에 없다. 그것이 오히려 더 승산 있는 게임이다. 시험 기술에선 절대적으로 불리하고, 애초에 기울어진 운동장이기 때문이다.

현실적 얘기를 하나 추가하면, 로봇과 자동화로 일자리가 줄어들더라도 가장 늦게 타격을 받을 직업군이 의사, 법조인이다. 그들의 역할을 로봇이 대체하지 못해서가 아니라, 강력한 힘이 있는 기득권 집단인 그들이 법을 바꿔서라도 입지를 지켜낼 것이기 때문이다. 그런데 이 강력한 일자리를 갖는 방법이 의대와 로스쿨 가는 것밖에 없는 상황에서 앞선 데이터는 많은 걸 시사한다.

설령 흙수저가 의대, 로스쿨을 간다고 해도 금수저를 이기긴 어렵다. 의사만 되면, 변호사만 되면 성공하던 시대는 끝났기 때문이다. 의사와 변호사 중에서도 부모찬스, 조부모찬스를 가진 이들이 훨씬 유리하기에 그들 사이에서 경쟁하면 누가 유리할지는 이미 정해져 있다. 기득권을 가진 전문직 분야는 다 마찬가지다. 부의 대물림은 더 심화될 수밖에 없다. 헛된 희망은 품지 말라. 미래가 되어도 금수저는 유리하고, 양극화는 더 심해진다. 정부나 정치가 양극화 해소와 모두가 함께 잘 사는 사회를 만들려고 애쓰긴 하겠지만 생각보다 쉽지 않다. 그러니 그들을 믿고 여유 부리며 살다 보면 위기는 고스란히 개인이 떠안을 몫이 된다.

로봇과 자동화 때문에 일자리가 사라지면, 로봇세를 부과하거나 기본소득 등 세금으로 일자리를 잃은 사람에 대한 구제책을 펴긴 할 것이다. 하지만 그래봤자 일자리를 가진 사람이 받을 월급보다는 훨씬 적을 수밖에 없다. 그리고 이런 정책도 정치의 역할이지, 일반 개인은 개입할 여지도 없고 정책이 정한 결과를 따를 수밖에 없다. 그걸 믿고 살아갈 수는 없다.

결국 일자리를 잃지 않아야 한다. 어떤 상황이어도 자신의 가치를 발현하며 일을 할 수 있어야 한다. 결국 진짜 실력자는 살아남는다. 조직의 힘, 경제 상황의 힘, 외부 변수가 아니라 자신의 실력 자체로 살아남을 수 있어야 어떤 위기에도 쓰러지지 않는다. **결국 실력자는 언오리지널Unoriginal이 아니라 오리지널Original이어야 한다. 자기만의 독자적 콘텐츠, 대체 불가한 것이 있어야지 그게 없다면 실력자가 아니다.**

예를 들면, 전달자로서의 강사는 점점 입지가 좁아진다.

온라인으로 비대면 강의를 많이 할수록, 자신의 고유한 콘텐츠를 가진 오리지널만 살아남는다. 가령, 전국에 지사가 있는 대기업이 같은 커리큘럼으로 각 지사마다 오프라인 교육을 실시한다고 생각해보라. 수십 번의 반복된 강의가 될 텐데, 이걸 온라인으로 한 번만 하면 어떻게 될까? 오프라인 교육에선 서로 다른 지역의 사람들을 한 곳에 동시에 다 모으기가 어려웠다면 온라인 교육에선 이것이 해결된다. 실시간으로 하는 라이브 스트리밍 강연을 하고, 이때 참석하지 못하는 이들을 위해 VOD 서비스를 일정 기간 동안 제공한다고 생각해보라.

수십 번에 걸쳐 오프라인 교육에 썼던 예산을 다 모아서 한 번에 집행하면 되니까 정보 전달자 역할의 강사가 아니라 오리지널 콘텐츠를 가진 저자나 명사를 섭외하는 게 가능하다. 그동안 정보 전달자 역할이 필요했던 건 오프라인에서는 물리적, 공간적, 시간적 제약이 있는 데다, 오리지널 콘텐츠를 가진 명사나 저자는 강연료가 비싸기 때문이었다. 비용 차이가 전혀 없다면 누구나 최고의 강사를 섭외하고 싶어 한다. 유명 저자나 명사의 책이나 저작물을 요약하고 발췌, 인용해서 강연하는 강사는 정보 전달자 역할을 할 뿐이다. 말 잘하는 스킬이 경쟁력이겠지만, 애초에 원천 콘텐츠를 갖지 않다 보니 쉽게 대체 가능하기도 하다.

　주제에 따라서 2030대 강사를 선호하기도 하는데, 이는 경력의 심화가 필요 없다는 의미도 된다. 그래서 산업 강사는 십 년째 강연료가 오르지 않는다. 분야별 상위 강사들은 자기만의 콘텐츠가 있어서 대체 불가하고, 그렇기에 강연료도 상대적으로 비싸진다. 기업 교육에서 오프라인 교육이 계속 유효할 때는 강연료가 비싼 강사와 싼 강사가 둘 다 존재했다. 하지만 온라인 교육으로 대거 전환되는 순간, 비싼 강사만 살아남는다.

　이는 기업 교육의 강사만 해당하는 얘기가 아니다. 대학도 마찬가지다. 대학 교수들도 온라인 수업이 확대될수록 더 치열한 생존경쟁에 빠질 수밖에 없다. 이건 기업의 직장인이라고 다르지 않다. 로봇과 자동화에 대체되지 않으면서 자기만의 콘텐츠를 가진 사람만이 살아남기 더 유리해진다. 물론 부자도 살아남기 유리하다. 당신이 만약 자산 수백억 원 갖고 있는 부자라면 이 책을 그만 읽어도 좋다. 실력이 모자라도 돈이 충분하면 살아남을 수 있기 때문이다. 하지만 **돈이 충분치 않다면 결국 믿을 건 실력뿐이고, 그 방법은 공부뿐이다.**

100세까지 꾸준히 배우고 일할 각오로 인생 계획을 세우지 않는다면 노년은 '선물'이 아니라 고독과 빈곤 속 '저주'가 될 수 있다.

런던 비즈니스스쿨의 린다 그래튼Lynda Gratton 교수가 2017년 〈동아일보〉 인터뷰에서 한 말이다. 그녀는 일본 정부가 관료와 전문가, 기업인들로 구성해 발족한 '인생 100년 시대 구상회의'에 외국인이지만 이례적으로 특별 영입되어 인재 양성 마스터플랜을 짠 전문가이자, 《100세 인생》(2016)의 저자다. 100세 시대는 더더욱 프로페셔널 스튜던트를 필요로 한다. 100세 인생이라고 하니 10대나 20~30대 입장에선 아주 먼 막연한 미래 같겠지만, 준비 없이 맞이한 미래는 저주가 될 수 있음을 기억해야 한다.

프로페셔널 스튜던트가 살아남는다

한국인은 평생 공부를 달고 살았다. 어릴 땐 학교 성적부터 대학입시까지 계속 공부의 연속이었고, 크면 취업하기 위한 공부, 자격증을 취득하기 위한 공부, 그리고 주식 공부, 부동산 공부 등 해야 할 공부가 끊이지 않는다. 전 세계에서 공부를 가장 많이 하는 학생이 한국 학생들이고, 평생 공부 타령을 하고 사는 나라인데 아이러니하게도 성인의 독서량은 선진국과 비교하기 창피할 정도로 적다. 성적 올리는 공부는 민감한데, 독서는 둔감하다. 한국 사회에서의 공부가 어떤 느낌인지 확실히 드러나는 대목이다.

서점에서도 《이토록 공부가 재미있어지는 순간》,《공부는 절대 나를 배신하지 않는다》,《공부란 무엇인가》,《나는 무조건 합격하는 공부만 한다》,《어떻게 공부할 것인가》,《코로나 시대의 공부법》,《완전학습 바이블》,《압축공부》,《공부머리 독서법》,《초등 자기 주도 공부법》,《평범한 아이를 공부의 신으로 만든 비법》,《대치동 최상위권 공부의 비밀》,《20대, 공부에 미쳐라》,《30대, 다시 공부에 미쳐라》,《딱 1년만 공부에 미쳐라》,《40대 다시 한번 공부에 미쳐라》 등 접근 방법은 조금씩 다르지만 모두가 어떻게 하면 성적을 올릴 수 있을까, 어떻게 하면 효율적으로 공부할 것인가에 대한 내용을 담은 책들이 잘 팔린다. 이밖에도 제목에 공부가 들어간 책들은 엄청 많다. 그만큼 공부에 대한 관심과 욕망이 크다는 방증이고, 공부 중에서도 대학입시와 시험(자격증이나 고시)에서 점수를 높이는 데 관심이 크다.

우리에게 공부는 기회를 잡기 위한 도구이자, 남을 앞서기 위한 무기로 쓰일 뿐이었다. 그런데 이런 공부가 앞으로도 계속 유효할까? 여전히 과거의 공부 전략과 방법에만 집중할 뿐, 미래이자 뉴노멀 시대에 맞을 공부의 방향과 전략에 대해선 무지한 상태다. 설령 4차 산업혁명이나 인공지능, 미래 등의 키워드를 제목에 담은 책들도 메시지는 코딩을 배우자거나, 창의성을 키우자거나 하는 식에 그친다. 공부를 대하는 방향 자체가 바뀌어야 하는데도, 기능적인 것만 몇 가지 추가하면 된다는 식으로 다루고 있다. 과거에서 현재로 이어진 관성에서 크게 벗어나지 못해서다. 미래를 살아갈 사람들에게 과거의 방식만 공부하게 하는 것은 점점 미래를 불안하게 만드는 길이 아닐까?

프로페셔널 스튜던트가 되려면 스스로에게 솔직해져야 한다. 각자 프로페셔널 스튜던트로서 얻을 결과나 목적은 다를 수 있다. **적어도 자신에게 솔직하면 뭘 원하는지, 어떤 공부에 집중할지도 좀 더 명확해진다. 남에게 보여주기 위한 공부가 아니라 진짜 자신에게 이득이 되고, 자신이 몰입할 수 있는 공부를 선택해야 한다.** 하기 싫은데 억지로 하는 공부로는 결코 최고가 될 수 없다. 분명한 건 팬데믹 이후의 변화가 약자에게 더 불리하게 작용하리란 점이다. 부자들과 상류층은 이번 변화에서 기회가 많다. 다수를 차지하는 중산층과 서민들에겐 그 반대다. 변화를 이해하지 못하고, 과거에 머물러 안일하게 대응하다가는 순식간에 빈민으로 전락하고 만다. 팬데믹 종식에 환호하며 박수를 칠 게 아니라, 진짜 위기에 대응하기 위해 심기일전 각오를 다져야 할 때다. 프로페셔널 스튜던트로 거듭나야 할 때다.

어떻게 하면 될까? 결론을 먼저 말하면, 전문성을 쌓아라. 지금도 전문가가 유리하지만 앞으로 더욱더 그렇게 될 것이다. 다만 전문가가 박사 학위 있고, 경력 많은 것만 얘기하는 게 아니다. 학위와 나이, 경력이 좌우하는 전문성이 아니라, 학위, 나이, 경력의 벽을 넘어설 수 있는 전문성이 더 강력하다. 계속 새로운 이슈가 나올 때마다 공부해서, 이미 갖고 있는 전문성도 최신 버전으로 계속 업그레이드해야 한다는 의미다.

그리고 대체 불가해져야 한다. 모두가 100점 받으면 100점도 소용없는 점수다. 누구나 할 수 있는 흔하고 보편적인 능력이 아니라, 자기만의 능력으로 입지를 구축해야 한다. 그렇게 하기 위해서라도 자신이 진짜 좋아하고 몰입할 수 있는 공부를 알아야 한다. 그건 남이 대신 찾아주지 못한다. 오직 자기 자신만이 할 수 있다. 그러니 남이 시켜서 하는 공부의 시대에서 벗어나, 자기가 진정으로 원해서 하는 공부의 시대로 빨리 들어오라.

마지막으로 나이와 지위를 버려라. 나이와 지위가 가진 힘, 소위 나이빨, 지위빨로 이룬 것을 자신의 실력으로 이루었다고 착각하는 이들이 있다. 착각에 빠지면 안일해지고 공부를 소홀히 한다. 이걸 떨쳐내야 진짜 실력을 알 수 있다. 나이와 지위에 안주하지 않고, 실력을 업스킬링하는 걸 당연히 여겨야 한다. 결론적으로 계속 공부해야 한다. 프로페셔널 스튜던트가 되는 것을 적극 받아들여라. 여기에 대한 좀 더 자세한 얘기는 Part 2, 3에서 계속 이어진다.

당신의 10년 후, 아니 당신의 1년 후 어떤 기회가 올지 어떤 위기가 올지 모른다. 변화의 속도가 빨라지고 변수도 많아져서 더 이상 위기를 미리 감지하고 피해가는 건 불가능하다. 위기를 피해가는 게 아니라 이젠 위기를 맞더라도 빨리 대응해서 극복하느냐가 관건이다. **결국 새로운 전문지식을 계속 배우는 능력과 함께, 위기대응력, 순발력, 생존력이 필요한데, 이것이 바로 프로페셔널 스튜던트의 태도다.**

프로페셔널
스튜던트에게

Part 2

대학이란?

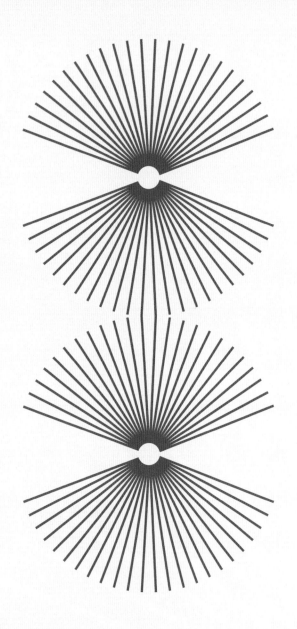

대학,
그때는 맞고
지금은 틀리다

그때 대학을 가야 했던 이유가, 지금은 대학을 가지 않아도 되는 이유가 된다면 어떨까? 대학을 고르는 기준이 달라졌고, 대학에 기대하는 것도 과거와는 다를 수밖에 없다.

2030년 세계 대학의 절반이 사라진다.

토머스 프레이Thomas Frey가 2013년에 한 말이다. 그가 덧붙인 것이 4년 동안 발이 묶여 공부하는 지금의 대학 모델은 사라질 거란 얘기다. 대학의 절반이 사라지는 건 인구 감소가 아니라, 4년제라는 기존의 대학 모델이 미래사회에선 쓸모없어진다는 의미다. 비용과 시간에 대한 투자 대비 효과가 낮다고 여겨지면 굳이 졸업장을 위해 대학에 가는 일은 기피될 것이다. 지식의 반감기도 짧아지고, 직업의 유효기간도 짧아져서 새로운 걸 계속 배우는 게 필수가 된다. 이런 시대에는 4년이 아니라 마이크로 칼리지처럼 단기 교육 모델이 선호될 수 있다.

20년 뒤 우리가 아는 대학은 존재하지 않을 것이다.

이는 미국의 고등교육 정책 전문가인 케빈 케리Kevin Carey가 고등교육의 미래에 대한 내용으로 쓴《The End of College》(2015)에서 제시한 예측이다. 토머스 프레이가 말한 2030년 세계 대학의 절반이 사라진다는 것과 맥락이 닿아 있다. 결국 대학의 모델이 바뀌어야 하고, 미래사회에 맞는 교육 내용과 방식이 필요하다고 얘기한다. 원제는 분명 '대학의 끝(종말)'인데, 우리나라에선 '대학의 미래'라는 제목으로 출간되었다. 제목을 조금 부드럽게 우회하여 번역한 셈이다.

현대적 의미에서 세계 최초의 대학을 1088년에 설립된

이탈리아 볼로냐대학으로 보는 경우가 많은데, 1109년에 설립된 파리대학, 1167년에 설립된 옥스퍼드대학과 1209년에 설립된 케임브리지대학 등 800~900년 전부터 존재하던 대학이 여전히 존재한다. 그동안 변화하긴 했지만, 과거 대학의 형태에서 크게 벗어나지 않은 곳도 많다. 머지않아 대학의 절반이 사라질 수 있겠지만, 그렇다고 교육이 사라지는 건 아니다. 대학도 계속 필요하다.

SKY(서울대·고려대·연세대) 졸업장은 10년 내 의미가 없어진다. 대학 졸업장이 아니라 진정한 능력으로 평가될 것이기 때문이다.

이는 염재호 교수(전 고려대학교 총장)가 여시재(yeosijae.org) 인터뷰(2020.5.26.)에서 한 말이다. SKY의 대학 총장을 지낸, 대학교육에서 정점의 역할을 맡았던 사람이 대학 졸업장 무용론을 얘기한 것이다. 그는 10년 내라고 말했지만, 실제로는 더 빠른 시기일 것이다. SKY조차도 그런데 다른 대학은 더할 것이다. 염재호 교수는 "21세기는 예고된 대★전환의 시대, COVID-19는 촉매제일 뿐이다"라는 말로 대학 변화에서 코로나19 팬데믹이 중요한 계기가 됨을 얘기했다.

삼성전자에 박사가 3,000명 정도 있다고 한다. 이제 대학의 경쟁 상대는 다른 대학이 아니라 삼성이나 SK 같은 기업이 될 것이다. 대학의 역할이 변할 것이다.

염재호 전 고려대학교 총장의 말인데, 대학이 변해야 살아남는다는 메시지다. 더 이상 교육기관으로서의 대학은 한계가 있다. 교육도 과거의 방식으론 안 된다. 글로벌 기업의 신사업도 3년을 장담하지 못하는 상황에서 대학을 4년간 다닌다는 게 말이 되는가? 그리고 대학을 졸업해도 취업후 기업에서 현업에 바로 투입할 수 없다. 이들을 다시 가르치는 데 시간과 비용을 들여야 한다. 그렇다면 대학의 교육, 4년이란 시간은 무엇을 의미하는가? 취업하기 위해 필요한 서류로서의 학위를 따는 데 불과하다면, 4년이란 시간과 그에 투입되는 비용은 낭비일 수밖에 없다.

기업과 대학은 긴밀한 관계다. 대학 가는 이유 중 90% 이상이 아마 좋은 데 취업하기 위해서일 것이다. 그런데 기업에서 대학 졸업장 무용론을 얘기하면 대학으로선 위기일 수밖에 없다. 사실 기업에서 대학 졸업장 무용론을 얘기한 건 오래전부터다. 2004년 코리아리더스포럼에서 윤종용 삼성전자 부회장은 대학을 졸업해도 당장 써먹을 수 없고 3~4년 현장에서 교육해야 능력을 발휘한다며 대학교육의 허실을 지적했다. 당시 맥킨지 서울사무소의 최정규 대표는 더 자극적으로 말했는데, 한국 교육으로 20년간 학교에서 배운 지식이 500원짜리밖에 되지 않는다고 했다. 500원짜리 메모리칩 하나 가격에 빗대 얘기한 것이다. 이런 지적은 국내에서만 있던 게 아니다.

애플Apple CEO 팀 쿡은 백악관에서 열린 미국 노동력 정책 자문위원회 회의(2019년 3월)에서 이런 발언을 했다.

> 대학에서 배운 기술과 기업이 비즈니스에서 필요로 하는 기술의 불일치가 큰데, 특히 코딩과 관련해서 미스매치mismatch가 크다. (…) 애플은 2018년 미국에서 고용한 직원의 절반은 4년제 대학 학위가 없다.

애플은 연봉이나 복지, 비전 등 누구나 취업하고 싶은 기업 리스트에 들어갈 최고의 기업이다. 당연히 미국의 명문대를 비롯 전 세계에서 인재들이 몰릴 듯한 기업인데도, 신규 채용된 직원 중 대학 학위를 가진 사람이 절반만 있다는 사실은 지원자에게 대학 학위를 필수로 요구하지 않기 때문이다. 대학 학위뿐 아니라, 코딩이나 관련 기술 분야에서 교육을 받았거나, 관련 업계 경력 등을 채용에서 주요하게 평가하면서 생긴 일이다. 대학 졸업장보다는 기업에 필요한 자질을 갖췄는지를 더 중시한다는 의미다.

구글은 자사에 수요가 많은 역할인 데이터 애널리스트Data Analyst, 프로젝트 매니저Project Manager, UX 디자이너UX Designer 등이 될 수 있는 6개월 단기 교육 프로그램인 '구글 커리어 자격증Google Career Certificates'를 온라인에 개설했는데, 이를 수료하면 채용에서 4년제 학위와 동일하게 취급하겠다고 밝혔다. 교육을 받으려면 한 달에 49달러의 비용이 들지만, 이 또한 보조금과 장학금을 충분히 지급하고 있으니, 전 세계 누구나 무료로 현업에서 쓸 수 있는 업무능력을 갖추기 위한 교육 프로그램을 수료할 수 있는 것이다.

구글은 '그로우 위드 구글Grow with Google' 서비스를 통해 다양한 교육 프로그램을 제공하는데, AI와 머신러닝, 안드로이드 소프트웨어 개발, 디지털 마케팅 등 몇 시간에서 수십 시간에 이르는 다양한 교육 콘텐츠가 있다.

구글이 이런 교육에 투자하는 건 대학이 기업에 필요한 인재를 키워내는 역할을 제대로 하지 못하기 때문이다. 4년이란 시간과 비싼 등록금을 투자할 만큼의 가치가 있을지 생각해볼 대목이다. 4년이란 시간, 그리고 4년간의 등록금

구글의 '그로우 위드 구글Grow with Google' 서비스. AI와 머신러닝, 안드로이드 소프트웨어 개발,
디지털 마케팅 등 다양한 교육 콘텐츠가 있다.

은 엄청 크다. 이보다 더 적은 돈과 시간을 투자해서 기업에
필요한 자질을 갖추는 것이 좀 더 합리적 선택일 수 있다. **대
학이 키우는 인재상과 기업이 원하는 인재상이 다를 때, 결국 어
떤 인재상이 살아남을까? 당연히 기업 아니겠는가?** 구글의 단
기 교육 프로그램이 새로운 대학의 모델이 되는 셈이다. 엄
밀히 그 또한 마이크로 칼리지로 볼 수 있기 때문이다.

글로벌 기업평가 사이트인 글래스도어Glassdoor는 2018
년에 흥미로운 리스트를 보여주었다. 입사 지원자들에게
더 이상 대학 학위를 요구하지 않고, 업무능력이자 재능 옵
션을 강화한 글로벌 기업 14개의 리스트다. 여기에 포함되
는 기업이 애플Apple, 구글Google, 홀푸드Whole Foods, 힐튼Hilton,
코스트코Costco Wholesale, 스타벅스Starbucks, IBM, 펭귄랜덤하

우스Penguin Random House, 뱅크 오브 아메리카Bank of America 등
이다. 이들은 특정 직업에 대해서 대학 학위를 요구하지 않
는다. 학위를 요구하지 않는 글로벌 기업들은 점점 늘어날
것이다.

국내의 대기업도 대졸 신입 공채를 점점 폐지하는 분위
기다. 10대 그룹사 중 7개가 수시채용을 받아들였으며, 공
채로만 뽑는 3개 그룹도 조만간 변화에 동참할 가능성이 크
다. IT 기업과 스타트업에선 더더욱 수시채용이 많았고, 학
위보다 실무 경력이나 스킬 자체에 더 집중했다. 이런 변화
는 대학 학위가 취업을 위해 필수였던 상황을 바꾸는 데 영
향을 준다.

2020년 7월 국내 핀테크 기업 토스TOSS가 개발자를 채용
할 때 대학 학위를 따지지 않았다. 경력 개발자 위주로 수시
채용을 해왔던 토스가 처음 신입을 포함한 경력 3년 이하
개발자 공채를 했는데, 서류 평가 절차를 없애고, 지원자 전
원에게 1차로 온라인 코딩테스트를 했다. 여기서 합격한 사
람을 대상으로 과제 전형을 했다. 실제 개발 업무를 과제로
제시해 테스트한 것이다. 이 과정에서 합격자들을 대상으
로 테크 인터뷰를 했는데, 이때 자유 양식의 입사지원서를
제출했다. 그동안 대졸 공채를 해왔던 기업들이 1차에서 서

류심사와 필기시험을 친 것과는 다른 방식이다. 서류를 처음이 아니라 마지막에 제출함으로써 실력 자체를 우선적으로 평가하는 셈이다.

학위를 요구하지 않는 기업은 계속 늘어간다. 대학 무용론이 제기되는 이유기도 하다. 과거엔 대학을 가야 했던 이유가, 지금은 대학을 가지 않아도 되는 이유가 된 것이다. 그렇다고 교육이 필요 없다는 게 아니다. 실제로 기업은 직원 교육에 더 많은 비용을 투자하고 있다. 결국 대학이 살아남으려면 그들의 역할을 되찾아야 한다.

> 변화(인쇄술)를 무시한 중세 대학이 몰락했듯, 지금 대학도 변하지 않으면 같은 운명이 된다. 정부는 대학의 원격강의 비율 제한을 풀어야 한다.

이는 서승환 연세대학교 총장이 〈조선일보〉 인터뷰(2020.5.12.)에서 한 말이다. 2020년 2월에 총장이 된 그의 공약 중 하나가 온라인 강의 플랫폼Y-Ednet 도입인데, 7월 Y-Ednet 도입 계획을 승인하면서 "돌아올 수 없는 강을 건너네요"라고 한 말이 신문에 소개되기도 했다. 대학교육의 새로운 방향이 시작된 것이고, 다시는 과거로 돌아갈 수 없다는 의미이기도 하다.

Y-Ednet은 전국 대학이 비슷한 커리큘럼과 같은 과목의 수업을 중복되어 하는 것이 비용과 시간 낭비라는 인식에서 출발했다. 가령, 전국 대학의 경제학과가 100여 개인데, 이중 80%가 비슷한 커리큘럼으로 운영된다. 오프라인에서는 이 문제를 해결하지 못했지만, 온라인으로는 방법이 생긴다. 전국 경제학과들의 기본 수업을 온라인 강의로 모두 대체하고, 각 대학의 교수들은 각자 전문 분야를 살려 소수 과목에 집중해 교육의 질을 끌어올리자는 것이다.

연세대가 온라인 강의 플랫폼 도입에 앞장선 것은 이런 변화에서 주도권을 갖기 위해서다. 즉 온라인 강의가 전면화되면 우수한 교육 콘텐츠를 가진 대학의 영향력이 더 커질 테고, 경쟁력이 취약한 대학들은 사실상 붕괴로 이어질 것이다. 여전히 대학 평가에서 순위 높이려고 애쓰는 대학들이 많고, 학생들도 순위를 따지는데 참 쓸데없는 일일 수도 있다.

이는 국내만의 얘기가 아니다. 전 세계가 마찬가지다. 온라인 강의가 질적, 양적으로 확대되고, 에듀테크가 몰입감 높이는 교육환경을 가상공간에서 구축해주고, 학생들도 점점 더 온라인에 익숙해지면 세계적 명문대는 더 많은 기회가 될 것이다. 이는 국내의 명문대가 국내 대학들과의 경쟁에선 유리하지만, 세계적 명문대와의 경쟁에선 유리하다고 볼 수 없는 이유다. SKY를 비롯한 국내의 명문대도 미래에 생존을 장담하지 못한다.

그래서 생존을 위해 변화를 선택한다. 이런 변화가 학생에겐 나쁘지 않다. 다만 교수나 교직원에겐 구조조정과 연결될 수 있다 보니 부정적일 수도 있다. 변화를 위해서 이해관계 충돌과 갈등도 분명 생겨나겠지만, 그걸 넘어서기 두려워 변화를 포기하고 관성을 유지한다면 더 나쁜 결과를 초래할 것이다.

산업 구조 변화에 따라 기업의 희비가 엇갈린 것을 우리는 많이 봐왔다. 미국의 경제잡지 〈포브스〉에 따르면, 1917년 미국의 100대 기업 중 70년이 지난 1987년에도 100대 기업인 곳은 18개였다. 심지어 61개는 이미 그전에 망해서 남아 있지도 않다. 18개도 대부분 70년 전보다는 100대 기업 순위에서 크게 하락했다. 그나마 70년 전보다 100대 기업 내 순위가 올라간 곳은 단 2개였다. 그중 하나가 지금은 망해버린 코닥이고, 다른 하나가 수년째 하락세인 위기의 GE다. 즉 100년 전 100대 기업 중 지금까지 위상을 유지하는 곳이 없다는 얘기다.

우리나라도 1998년 30대 그룹 중 20년이 지난 2018년에 30대 그룹 리스트에 남아 있는 곳은 11개였다. 3위였던 대우그룹, 7위였던 쌍용그룹, 10위였던 동아그룹, 17위였던 고합그룹 등 11개가 해체되어 사라졌고, 8개는 규모가 줄어들며 순위권 밖으로 밀렸다.

흥미롭게도 1975년 국내 기업 중 매출 1위는 대한항공이었다. 당시 삼성전자는 놀랍게도 27위였다. 2019년 삼성전자의 연매출은 230조 4,000억 원(영업이익 27조 7,700억 원)이고, 대한항공의 연매출은 12조 3,000억 원(영업이익 2,909억 원)이었다. 팬데믹 이전에도 차이가 컸는데, 팬데믹을 겪으며 더 커졌다. 2020년 삼성전자는 연매출 236조 8,100억 원에, 영업이익은 36조 원에 육박했다. 대한항공은 연매출 7조 원대였다. 격세지감이다.

기업의 매출 순위 변화는 곧 산업 구조의 변화를 말하는 것이기도 하다. 한때 잘나갔던 기업들도 변화 앞에선 위상이 바뀐다. 산업 구조 변화는 기업뿐 아니라, 대학도 바꾼다. 대학의 전공도 바꾸고, 살아남을 대학과 그렇지 못할 대학도 가른다. 변화 앞에선 누구도 예외없다.

벚꽃 피는 순서대로
대학이 망한다고?

벚꽃 피는 순서대로 대학이 망한다는 자조 섞인 얘기가 있다. 먼저 폐교된 대학들이 주로 전라도, 경상도에서 나왔다. 이건 특정 지역의 문제가 아니라, 수도권 대학보다 지방 대학이 상대적으로 학생 모집에 어려움을 겪는 데다, 지방 중에서도 중소도시의 대학들이 더 어려움을 겪어서다.

대학계는 학령인구가 줄어 대학이 망한다고 생각한다. 물론 학령인구가 계속 줄어드는 게 대학에 불리한 것은 사실이다. 교육부가 추산한 대학입학 가능 자원(고교 졸업생과 재수생, 기타 경로 합산)이 2019년 52만 6,267명, 2020년

47만 9,376명이다. 2018년 기준으로 대학의 입학 정원이 49만 7,218명이니 2020년이 처음으로 대학 가려는 사람보다 대학 정원이 많다.

2024년엔 37만 3,470명까지 떨어진다. 2018년 기준 전국의 대학·전문대학(기능대학 제외)은 372개다. 대개 4년제 종합대학이 대학 정원이 많고, 명문대도 여기에 주로 포함된다. 이런 대학이 상대적으로 지원자들이 우선한다. 즉 대학 정원보다 입학 가능 자원이 적어질수록 지방 소도시에 있고 정원이 적은 학교가 타격이 클 수밖에 없는데, 2024년 대입 가능 자원이 대입 정원보다 10만 명가량 적어지면 100개 대학 이상에서 신입생을 전혀 받지 못할 수도 있다. 신입생이 없으면 대학의 존폐가 현실이 된다. 출산율이 계속 떨어져왔기에, 지금보다 앞으로가 더 심각해진다.

372개 대학은 솔직히 너무 많다. 1990년 125개였던 4년제 대학이 2010년 202개로 늘었다. 1990년 전국 대학생 수는 158만 명이었는데, 2000년엔 313만 명이었다. 굳이 안 가도 될 사람까지 대학에 갔다는 얘기고, 대학이 늘어나면서 비즈니스를 위해서라도 다들 대학 가도록 만들었어야 했다. 우리나라가 인구 대비 대학 수나 대학생 수가 과하게 많은 건 그만큼 공부를 좋아해서가 아니라, 학력 인플레이션 영향이다. 고등학교 졸업만으로도 가능한 일을 지금은 대학 졸업자들이 하고 있다. 환경미화원 모집에 대학 졸업자는 물론이고 석박사 학위자까지 지원한다는 건 학력 인플레이션의 전형적 증거다.

학령인구도 줄어드는 데다 대학진학률도 하락세다. 대학이 망할 이유가 추가된 것이다. 고등학교 졸업 후 대학진학률은 1980년 27.2%, 1990년 33.2%, 1995년 51.4%, 2000년 68.0%, 2005년 82.1%, 2010년 79.0%, 2015년 70.8%, 2019년 70.4%다. 1990년대 중후반, 2000년대에 정점을 찍었다. 2001년에 70% 벽을 넘었고, 2003년엔 80% 벽도 넘었고, 역대 최고 정점이었던 2008년 83.9%를 넘어 2009년까지 80%대를 유지했다. 그러다가 2010년에 80%가 반대로 깨지더니 2016년엔 69.8%로 70% 벽도 15년 만에 역으로 깨졌다. 2017년 68.9%, 2018년 69.7%, 2019년 70.4%인데, 2012년부터 2019년까지 70% ±1% 포인트를 계속 유지 중이다. 2020년도 그 수준에 머물겠지만, 그 이후가 되면 60% 중반대로 내려갈 것이다.

그렇게 되어도 여전히 대학진학율은 세계 최고 수준이다. 2020 OECD 교육지표에 따르면, 2019년 한국 청년층(25~34세)의 고등교육 이수율, 즉 대학을 나온 비율이

69.8%다. 한국의 청년 10명 중 7명은 대학을 나왔단 얘기다. OECD 평균은 45.0%, 미국 50.4%, 영국 51.8%다. 2명 중 1명 정도만 대학을 나왔단 얘기니 우리가 훨씬 높다. 심지어 교육열 높기로 유명한 일본도 61.5%다. 38개 OECD 국가와 8개 파트너국 등 총 46개국 대상으로 만들어지는 지표인데, 청년층의 고등교육 이수율이 우리나라가 2위다. 영국과 미국이 각기 9, 10위다. 우리가 OECD 평균을 올리는 데 기여한다.

학령인구가 줄어서건, 대학진학률이 줄어서건, 결국 먼저 망하는 건 하위권 대학이다. 학령인구가 계속 줄어도 SKY 경쟁률은 떨어지지 않을 것이다. 달리 생각해보면 대학의 쓰임새, 대학의 가치가 있는 대학은 신입생이 끊이지 않는다는 얘기다.

대학이 망하는 건 학령인구나 대학진학률 때문이 아니라, 쓰임새가 없어서다. 4년간 등록금 내고 시간을 투자할 가치가 떨어져서고, 이는 대학의 실용성과 매력도가 떨어져서 학생이 외면하는 것으로 봐야 한다. 벚꽃 피는 순서대로 망하는 게 아니라, 선택자인 학생들의 만족도를 채워주지 못하는 대학이 망하는 것이다. 기업이 망하는 것도 결국 선택받지 못하고 외면당해서인 것처럼 말이다. 그러니 취업 잘 시켜준다거나, 공무원 준비 잘 시켜준다거나 하는 광고만 열심히 하는 것으로는 입학률을 높이기 힘들다. 학생들이 이미 다 눈치챘다.

그러니 위기를 맞았다고 여겨지는 대학이라면 과감한 혁신을 해야 한다. 정원 줄이고, 긴축재정하는 구조조정이 아니라, 교육 콘텐츠와 학위의 가치에 대해서 구조조정해야 한다. 그리고 대학을 무조건 가야만 한다는 강박을 가진 이들의 태도도 구조조정해야 한다.

우리나라의 석사, 박사 학위 중 과연 얼마나 표절 문제로부터 자유로울까? 대학에서 제대로 된 학문 연구를 얼마나 할까? 설령 표절 문제 없는 박사 학위이고 치열하게 연구했어도 그것이 과연 현실에 얼마나 활용되고, 얼마나 인류에게 기여하는 연구일까? 대학이 이 질문에 대한 명쾌한 답을 언제 내놓을까? 대학의 존재 가치는 대학 스스로가 만들어내야 한다. 더 이상 과거의 관성만으로 버틸 수 있는 시대는 끝났다.

왜 앨빈 토플러의 말을
무시했을까?

**한국 학생들은 하루에 15시간 학교와 학원에서 열심히 공부하는데,
미래에 필요치 않을 지식과 존재하지도 않을 직업을 위해 소중한
시간을 낭비하고 있다.**

앨빈 토플러Alvin Toffler가 2008년 9월 아시아태평양포럼
(서울)에서 한 말이다. 앨빈 토플러는 세계적으로도 명성이
높지만, 특히 한국에서 높다. 한국 정부에 다양한 조언을 하
고, 여러 번 방한하기도 했다. 그런데 앨빈 토플러가 비수를
꽂은 저 말을 한국의 교육계는 귓등으로 흘려들었다. 엄밀

히 교육계라기보단 교육산업계라는 게 더 정확할 것이다. 물론 그들도 속으론 앨빈 토플러의 말에 공감하고 동의했을 것이다. 몰랐던 문제가 아니었다. 다만 바꾸고 싶지 않았을 뿐이다. 비즈니스의 이해관계라는 게 이렇게나 무섭다. 옳고 그름의 문제가 아니라, 자신에게 유리한지 불리한지 그 기준으로만 보니 그렇다.

당시에도 그의 말은 회자되며 우리에게 고민을 안겨줬지만, 사실 현재까지 우리의 교육은 크게 달라지지 않았다. 여전히 입시를 위한 공부가 공교육과 사교육의 중심이고, 대학입시건 공무원이 되기 위한 각종 고시건 모두 합격자를 가려내기 위한 시험이다 보니 실용적인 내용과 거리가 먼 것이 많다. 앨빈 토플러가 말한 쓸데없는 공부에 시간과 돈을 허비한다는 지적이 뼈아프게 우리에게 비수를 꽂았지만, 사교육 시장과 대학 재단 등을 비롯한 한국 교육산업의 끈끈하게 얽힌 고리를 깰 수는 없었다.

정작 학생들의 미래는 안중에도 없다. 당연히 학생들의 경쟁력도 관심 밖이다. **교육을 비즈니스로만 대한 이해관계 당사자들의 골 깊은 커넥션은 입시공부 중심의 교육이 갖는 문제점을 알면서도, 그걸 해결하려 하지 않는다. 해결하려다 보면 자신의 비즈니스에 손해를 볼 수 있기 때문이다.** 그렇게 교육 혁신을 미루고, 때론 혁신에 저항하며 과거의 관성을 유지해왔다. 이걸 학생들도 알고, 학부모들도 안다. 하지만 지금의 학부모와 학생은 공교육에 대한 불신, 입시 위주의 교육에 대한 불안을 고스란히 감수할 수밖에 없다.

특히 지금의 학생들이 살아갈 미래의 관점으로 교육을 해주지 않는 현실에서, 미래에 대한 준비와 대응은 고스란히 개인의 몫이 된다. 불안한 이들이 코딩도 배우고, 다양한 경험을 쌓는 데 투자하는데, 이걸 사교육 시장이 적극 대응하며 기형적인 상황까지 만들어낸다. 솔직히 이런 현실에 당신은 불만 없는가? 아니 불만이 아니라, 아이들의 미래가 불안하지 않은가?

앨빈 토플러는 《부의 미래》(2006)에서 현대의 학교는 19세기 산업화 시대의 노동자를 양성하기 위해 만들어졌다고 얘기한다. 이건 앨빈 토플러만의 주장이 아니라, 누구나 공감하는 정설이기도 하다.

근대 국가가 형성되면서 새로운 시대에 맞는 시민(국민)들이 만들어져야 했고, 산업화가 확대되면서 그에 맞는 노동력도 양성해야 했다. 시기적으로는 19세기, 지리적으로는 산업혁명 거점인 유럽에서 의무교육이 시작된 건 우연이 아니다. 산업사회의 핵심 가치가 단일화, 표준화, 대량화다. 생산성과 효율성을 가장 높일 수 있는 방법이기 때문이다. 마찬가지로 산업사회에 맞는 인재 양성에서도 이 세 가지 가치가 적용된다. 그렇게 공교육이 시작되고, 학교 시스템이 만들어졌다. 그 덕분에 산업화는 더 가속화되고, 도시화도 이어졌다.

지난 100년 이상 학교 시스템은 충분히 제 역할을 했다. 21세기가 되기 전까지는 말이다. 암기시키고 따라하며 비슷한 수준으로 빨리 끌어올리는 건 과거엔 좋은 전략이었지만 앞으로는 쓸데없는 일이 된다. 21세기를 살면서 19세기 교육을 계속 받아야 할까? 계속 그렇게 해왔으니까 그냥 하던 대로 하자고? 너무 무책임하다. 분명 미래의 당신이 현재의 당신을 원망할 것이다.

지금의 아이들이 살아갈 미래, 그들이 사회생활할 시기가 되면 국내에 있는 또래들과 경쟁하는 게 아니다. 전 세계의 인재들과도 경쟁하며 일하게 될 것이고, 로봇이나 인공지능과도 경쟁 아닌 경쟁을 하면서 일할 것이다. 그럼에도 여전히 국영수 중심으로 입시공부만 시키고, 그렇게 대학 간 아이들은 취직하기 위해 토익점수와 학점, 스펙 쌓기에 집중한다. 과연 이런 공부가 정말 비즈니스 현장에서 유용하다고 생각하는가?

기업도 혁신적인 선도 기업을 재빨리 벤치마킹하고, 더 싸고 더 효율적으로 대량생산하는 것으로도 충분히 비즈니스가 되었지만, 이젠 선도 기업이 모든 걸 다 차지해버린다. 지금 글로벌 산업을 주도하는 애플, 구글, 마이크로소프트, 아마존, 페이스북, 테슬라 등은 모두 IT 기반 스타트업이고, 기업 역사도 상대적으로 짧다. 그렇지만 100년 이상 된 글로벌 기업들을 무너뜨리며 전 세계에서 가장 영향력 있고, 가장 시가총액 높은 기업으로 자리잡고 있다.

창업한 지 몇 년도 안 되어 세계적 기업으로 성장하는 사례는 비일비재하다. 그만큼 선도적 혁신 기업들이 유리한 비즈니스 구조다. 그런데 열심히 뒤따라가는 보편적 인재를 키우는 교육이 얼마나 허망한가? 당신이 혹은 당신의 자녀가 그런 교육만 받고 살아간다면 미래가 더 불안해지지 않겠는가?

'글로벌'과 'IT 강국' 이 두 가지 키워드를 엄청 좋아하는 한국에서 교육에 대해서만큼은 왜 우물 안 개구리이자 갈라파고스 신드롬Galapagos syndrome*에서 벗어나지 못하는 걸

---

* 글로벌 경쟁에서 뒤처지는 현상을 가리키는 말로, 남아메리카에서 1,000km 정도 떨어진 갈라파고스제도에 고유한 생태계가 만들어진 것과 유사하다고 해서 붙은 말이다.

까? 돈 때문이다. 오늘의 돈 때문에 내일의 기회를 외면하고, 미래를 불안하게 만들면 그로 인한 손해는 고스란히 미래의 우리에게 돌아온다. 공교육도 사교육도 지금 체제에 맞는 교육, 즉 과거식 교육에 매몰된 건 그들이 몰라서도 사악해서도 아니다. 그냥 익숙하기 때문이고, 그게 지금껏 비즈니스를 만들어줬기 때문일 뿐이다. 그러니 적극적으로 프로페셔널 스튜던트가 될 수밖에 없다. 정부가, 교육계가 바꿔주길 기다리다간 경쟁에서 뒤처질 수밖에 없어서다.

미래를 위해
학생들은
무엇을 배워야 하는가?

찰스 파델Charles Fadel은 글로벌 교육 전문가로 미국의 CCR(교육과정 재설계센터Center for Curriculum Redesign) 설립자이자 회장이다. 하버드대학교 교육대학원을 비롯, MIT, 펜실베이니아대학교 와튼스쿨 등에서 초빙교수를 지냈고, OECD 경제자문기구BIAC의 교육위원회 의장도 역임했다.

찰스 파델은 흥미롭게도 시스코 시스템스Cisco Systems에서 13년간 일한 것을 비롯, 여러 IT 기업에서도 일하고, 신경망과 인공지능을 연구하는 스타트업을 창업하기도 했다. 하이테크High-tech 분야에서 25년 정도 일했다. 교육 전문가가 하이테크 분야에서 오래 일했다는 건, 그 누구보다 기술 혁신이 어떤 변화를 몰고 올지, 미래를 위해 어떤 교육이 필요한지 현장에서 실감할 수 있었다는 것이다. 그가 CCR을 설립한 것도, '21세기 학생들은 무엇을 배워야 하는가?'라는 질문에 답을 찾기 위해서라고 했다. 인공지능과 로봇의 시대라고 해도 과언이 아닐 미래에 배워야 할 교육이 과거에 했던 교육과 같을 수는 없기 때문이다.

그 답의 일환으로 쓴 책이 《21세기 핵심역량》(2009)이다. 여기서 그가 미래사회 핵심 역량으로 제시한 4C가 있는데, Creativity(창의력), Communication(의사소통), Critical Thinking(비판적 사고), Collaboration(협업)이다. 4C는 전미교육협회National Education Association가 21세기 역량으로 정하고 교육 개혁의 방향에서 기준으로 삼고 있기도 하다. 이를 위해 2002년에 미국 경제계와 교육계 리더, 정부 정책 결정자들이 비영리기구 P21The Partnership for 21st Century Skills을 만들었는데, 찰스 파델은 P21의 시니어 펠로우다.

찰스 파델은 앞선 책을 버니 트릴링Bernie Trlling과 함께 저술했는데, 그는 P21 이사회 이사, 21st Century Learning Advisors(21세기 학습 고문) 설립자이자 Oracle Education Foundation의 글로벌 디렉터 등을 역임했다. 흥미롭게도 그 역시 IT 기업에서 근무한 경력이 있는 교육 전문가다.

이들이 IT에서 시작해 교육으로 넘어간 건 우연이 아니다. 미래를 먼저 본 사람들이 미래의 교육을 얘기할 수밖에 없고, 과거에서 현재까지 이어져온 교육이 미래엔 무용지물이 되는 것에 대한 문제 제기를 가장 적극적으로 할 수 있기 때문이다. 미래의 교육을 얘기하면서 하이테크 변화를 빼놓을 수 없다는 의미기도 하다.

찰스 파델과 버니 트릴링은 함께 《4차원 교육 4차원 미래역량》(2015)도 썼다. 기회가 된다면 두 권의 책을 읽어보라. 물론 쪽집게 과외를 기대하듯 책을 보면 안 된다. 자기계발서가 아니라 교육에 대한 진지한 담론이자, 개인보다는 교육계에 전하는 내용이기 때문이다.

찰스 파델은 18세기 이전의 교육과 19세기 이후 현대교육을 이렇게 구분해서 설명한다. 18세기 이전에는 소수의 귀족 계층을 대상으로 1대 1 혹은 소수의 토론식 수업을 했다. 교양 있는 시민을 키우는 전인교육이 목표였고, 인성 및 품성 함양과 함께 창의성을 키우기 위해 인문학과 예술 과목을 주로 배웠다.

그런데 19세기 이후에는 국민 모두의 의무교육으로 바뀌었고, 대형 강의실에서 교사가 일방적으로 수업을 했다.

학생 수가 많다 보니 1대 1 수업과 토론식 수업은 하기 쉽지 않고, 빨리 지식을 전달하고 암기하고 이해시키는 데 집중했다. 산업사회에 맞는 인재양성이 목표여서 지식정보 습득 중심으로, 언어, 수학, 기술 등 산업사회의 생산 활동에 필요한 과목을 주로 배웠다.

우리가 주로 배운 방식이 바로 19세기 이후 현대 교육방식이다. 20세기를 거쳐 21세기가 되었지만, 여전히 그 방식에서 크게 벗어나지 않았다. 21세기인데 19세기 방식으로 교육하고 있는 셈이다. 그렇다면 21세기 교육은 어떻해야 할까?

찰스 파델에 따르면, 르네상스 이후부터 18세기까지 주요 교과목은 독해/작문, 수사학, 역사, 철학, 수학, 음악, 미술, 라틴어 등이었다고 한다. 이중 독해/작문(언어영역)과 수학은 현대 교육에서도 여전히 주요 과목으로 유지되었다. 하지만 르네상스 시대 주요 교과목 중 수사학, 음악, 미술, 철학/윤리학, 천문학 등은 현대 교육에서 비주류가 되거나 빠졌다. 한마디로 산업사회의 생산 활동과 무관한, 배우지 않아도 일하며 먹고사는 데 별 지장 없다고 생각된 과목들이다. 이런 과목들은 고대 그리스, 로마 시대 때도 주요 교과목이었다. 물론 18세기 이전까지의 교육은 모두를 위한 게 아닌, 상류층이자 소수 지배계층만 대상이었다. 그들을 사회의 리더로 키우는 교육이었다. 그런데 이것이 현대가 되면서 노동자로 키우는 교육으로 바뀐 것이다.

그런데 인공지능과 로봇, 자동화가 인간의 노동을 대신하는 시대에 교육은 더 이상 노동자를 키우는 방식으로는 한계가 있다. 결국 미래의 교육은 리더를 키우는 방향으로 되돌아가야 한다. **기계가 아닌 사람만이 할 수 있는 역량인 판단력, 창의력을 키우고, 인성과 품성, 인문과 교양을 쌓는 것이 교육의 새로운 방향일 수밖에 없다.** 공교육이 산업사회의 보편적 인재를 대량으로 생산하는 역할에서, 새로운 혁신을 이끌기 위한 창의적 과학자, 예술가, 도전적 창업가를 키우는 역할로 바뀌는 것이다. 아울러 로봇과 기계가 아닌 사람이 잘 살기 위한 공동체, 상생, 공생이란 개념을 잘 이해하는 교양과 인성을 갖춘 인재를 키우는 역할도 중요해진다. 산업사회에 맞는 인재를 키우는 교육이 유효기간이 된 건, 산업사회가 정보사회로 바뀌고, 그마저도 더 심화되어 기술적 특이점에 점점 다가가기 때문이다.

요즘은 교육을 잘 받아도 5년이면 오래된 지식이 돼버린다. 나가서 뭘 배울지 찾을 수 있는 법부터 배워야 한다. 문제를 해결하려면 뭘

알아야 하는지 파악하는 법을 가르치도록 하고 있다.

김무환 포스텍(포항공대) 총장이 〈매일경제〉 인터뷰에서 한 말이다. 대학교육의 방향이 바뀌고, 대학의 역할이 바뀌었음을 보여주는 대목이다. 변화를 먼저 받아들이는 대학이 미래에도 명문대가 된다. 즉 대학별 위상 변화가 생길 수 있는 게 지금과 같은 시기고, 뜨는 해, 지는 해가 등장할 수도 있다. 그런데 아이러니하게도 지금의 명문대들이 오히려 변화에 더 민감하고 적극적이라는 점이다.

포스텍 융합대학원은 2021년 1학기부터 소셜데이터 사이언스 전공 석박사 과정을 개설한다. 포스코와 SK하이닉스가 학비 전액은 물론 교육 자원을 지원하는 전공인데, SK하이닉스 트랙으로 선발되면 학위 취득 후 바로 SK하이닉스 입사도 보장해준다. 기업이 투자하는 이유는 기업에 필요한 인재 확보 때문이다.

데이터 사이언티스트는 미국에서 최소 연봉 10만 달러 이상 받는 직업이고, 수요에 비해 인재가 턱없이 부족한 분야다. 사람은 많지만 인재는 없다는 게 늘 기업들의 고민이다. 아이러니하게도 일자리는 적어 구직자가 줄을 섰지만, 정작 기업에선 쓸 만한 인재가 없다고 하는 건 결국 대학과 기업이 서로 바라보는 인재상의 미스매치 때문이다.

인문사회계열이 취직 안 되어 쓸데없다고 여기는 이들도 있지만, 포스텍 융합대학원의 소셜데이터 사이언스 전공은 인문사회계열 전공자에게 데이터 관련 기술 역량을 가르친다. 즉 공대가 아니라 인문, 사회, 경영 전공자만 지원할 수 있다. 문과와 이과를 융합해 소셜데이터 사이언스 전문가를 키우는데, 이 분야에서 소위 말하는 문과적 소양이 중요해서다. 소셜데이터 사이언스에서는 논리와 창의력이 중요한데, 공대적 자질만으로는 해결되지 못하고, 그렇다고 인문사회적 자질만으로도 불가능하다. 인문사회계열이 이공계적 소양을 강화하면 특별한 경쟁력이 되는 셈이다.

지금 시대에 필요한 전문성을 키우기 위해선 과거 시각으로 구분해 놓은 문과, 이과 체제로는 불가능하다. 결국 대학에서 융합을 하는 것도 그 때문이고, 따라서 고등학교에서도 문이과 구분을 없애는 고민을 적극 해야 한다. 지금 한국의 대기업 CEO들의 대학 때 전공을 보면 이공계가 압도적으로 많다. CEO는 경영 전공이 절대다수였던 시대도 있었지만 지금은 바뀌었다. 이는 경영 전공이 필요 없어서가 아니다. IT가 산업의 중심축이 되면서 비즈니스와 기술 자체를 모두 이해하지 않으면 경영이 불가능해서다. 그래서 이공계가 더 많아졌는데, 이들도 계속 경영과 인문, 사회적 소양을 쌓는다. 카이스트와 포스텍 등 이공계가 특성화된 명문대에서 융합 교육, 창업 교육에 상대적으로 더 많은 투자를 하는 것도 우연이 아니다.

　　김무환 포스텍 총장은 대학에서 폴리매스Polymath형 인재를 양성해야 한다고 말했다. 폴리매스는 여러 분야에 걸쳐 다양한 지식이 많은 사람을 뜻한다. 한 가지만 깊이 있게 파고드는 특정 분야 전문가와 달리, 리더가 되거나 창업을 할 때는 폴리매스형 인재가 유리하다. 기술뿐 아니라, 시장과 소비자도 알아야 하고, 빠르고 정확하게 판단해야 할 일이 많기 때문이다. 로봇과 인공지능이 지식정보는 많이 가질 수 있지만, 그걸 결합, 응용하고 판단까지 하는 건 불가능하다. 그러기 위해서는 한 사람이 폭넓게 다양한 지식을 쌓아야 한다. 융합형 인재가 곧 폴리매스형 인재가 되는 셈이다.

토론하지 않으면
교육이 아니다

앞서 언급한 미래사회 핵심 역량인 4C를 위해서도 토론은 필수다. 창의력Creativity, 의사소통Communication, 비판적 사고 Critical Thinking, 협업Collaboration이 모두 토론에서 만들어질 수 있다. 미래의 교육에서 4C가 제기되지만, 사실 과거의 교육 에서도 중요하게 다뤘다. 르네상스 시대 교육도 그랬고, 더 과거인 고대 그리스, 로마 시대 교육에서도 그랬다. **토론이 되려면 1대 1 혹은 소수여야 하지만, 현대 교육에서는 문제의식 이나 비판적 사고, 창의력보다는 지식정보의 빠르고 효과적인 전 달이 목적인 일방적 강의 위주로 교육법이 바뀌었다.** 아이러니

하게도 미래의 교육을 위해 우린 현재를 떠나 아주 과거로 돌아가야 하는 것이다. 미래를 과거에서 찾는 셈이다.

토론은 가장 오래된 교육법이기도 하고, 가장 강력한 교육법이기도 하다. 암기나 단순 이해가 아니라 깊이 있는 사고와 창의력을 키우기에 토론만 한 게 없다. 토론이 중요하다고 하면 분명 관련 학원이 등장해, 토론 스킬을 사교육에서 배우는 이들도 생길 텐데 그건 소용없다. 토론 스킬 뽐내는 게 핵심이 아니라, 토론을 통해서 비판적 사고와 커뮤니케이션을 익히고, 문제의식을 적극 드러내며 사고의 깊이를 만들어내는 게 핵심이다. 즉 토론하면서 얻는 가치가 소양과 사고력, 판단력을 키워주는데, 그러려면 토론을 많이, 제대로 해봐야 한다.

그리고 토론의 시작은 상호 존중이다. 상대의 애길 잘 들어야 토론이 원활해진다. 일방적으로 혼자 떠드는 건 토론이 아니다. 토론은 남과 싸우기 위해서가 아니라 소양과 인성, 지식을 쌓는 좋은 방법이다. 토론을 잘 하기 위해 다양하고 깊이 있는 정보를 봐야 하고, 논리와 비판을 위해서도 결국은 말빨이 아닌 지식정보의 깊이 있는 이해와 통찰에 주목할 수밖에 없기 때문이다. 학원식 토론 스킬 속성 과외가 가능하지도 않고, 필요하지도 않다. 토론은 그냥 도구일

뿐, 그 도구로 얻을 가치가 핵심인데, 토론 스킬 과외받느라 시간과 돈을 낭비하진 말아야 한다.

토론과 커뮤니케이션 능력은 부모가 자녀에게 가르쳐주기 좋은 능력이기도 하다. 자식에게 공부하라는 얘기만 하고, 정작 진짜 공부할 수 있는 좋은 기회를 날려버리는 부모가 의외로 많다. 우린 가족들과 밥을 먹고, 같은 집에 산다. 즉 식사시간을 비롯해 함께 대화할 시간이 늘 주어진다. 연예인 얘기나 농담만 주고받을 게 아니라, 토론의 기회로 활용해야 한다. 토론이라고 해서 거창한 것이 아니다. 그냥 그날그날 신문 기사의 주제 한두 개로 각자 의견을 말하는 습관만 들여도 그게 몇 년이 쌓이면 놀라운 능력이 된다. 이를 잘한 사례로 존 F. 케네디 대통령을 꼽을 수 있다.

얘기의 시작은 ㄱ의 가문이 미국에 이민 온 것부터다. 흙수저가 어떻게 단기간에 금수저를 거쳐, 미국 대통령을 배출하고 최고의 명문가로 자리잡았을까? 1840년대 후반 아일랜드 대기근을 피해 패트릭 케네디와 토머스 피츠제럴드가 미국 보스턴으로 이민 왔다. 같이 온 건 아니다. 서로 알던 사이도 아니다. 둘 다 가난한 노동자와 거리 행상을 하며 돈을 조금씩 벌었고, 패트릭 케네디의 아들 패트릭 조지프 케네디는 주류업으로 부자가 되고 상원의원까지 지내고,

집안의 전통에 따라 식사시간에 가족이 모여 대화하고 토론하는 방식으로 자녀교육을 해온 케네디가 사람들. 존 F. 케네디는 미국 대통령 선거 사상 최초로 열린 TV 토론에서 탁월한 토론 능력으로 판세를 뒤집어 대통령 당선에 한 걸음 다가갈 수 있었다. (출처 : 연합뉴스)

토머스 피츠제럴드의 아들 존 F. 피츠제럴드는 언론사를 만들고 보스턴 시장까지 역임한다.

보스턴의 유력 정치인이 된 두 사람은 자녀를 결혼시킨다. 바로 이들이 존 F. 케네디의 아버지 조지프 패트릭 케네디와 어머니인 로즈 피츠제럴드다. 조지프 패트릭 케네디는 증권, 은행, 영화사업과 부동산 투자로 미국의 대표적 부자가 되었다. 대통령이 된 루스벨트의 후원회장도 했고, 영국 주재 미국 대사도 역임했다. 부자인데 정치적 영향력도 막강했다.

아일랜드 이민자 1대가 고생하며 기틀을 다졌더니 2대가 자수성가로 부자와 정치인이 되고, 3대가 미국 최고의 부자가 되어 정치력을 키우더니, 4대에 존 F. 케네디 대통령이 나온 것을 비롯 9남매 중에서 법무장관, 상원의원, 아일랜드 주재 미국 대사, 심지어 스페셜 올림픽 창시자도 있다. 여기서 주목한 것이 존 F. 케네디 형제들을 키워낸 부모의 교육법이었다.

영국과 아일랜드에선 식사시간에 자녀교육하는 전통이 있는데, 이들도 그걸 따랐다. 미국 최고의 재력과 정치력으로 바쁜 아버지 조지프 패트릭 케네디는 식사시간에 자신이 만난 유력인사나 사업 이야기, 세상 이야기를 자녀들에게 들려줬고, 어머니 로즈 피츠제럴드는 식시시간에 〈뉴욕타임스〉의 기사를 읽고 토론하게 했다. 집중력 낮을 아이들을 모두 토론에 참여시키려면 어머니의 역할이 중요했을 것이다. 신문에는 다양한 기사가 있으니 아이들이 관심 가질 주제가 한 가지 이상은 늘 있고, 그걸 토론 소재로 삼아 가족 간 대화도 많이 하고, 토론으로 비판적 사고, 커뮤니케이션 능력, 논리력도 쌓았다. 덕분에 식사시간이 두 시간 정도로 길었다고 한다.

존 F. 케네디가 대통령에 당선된 결정적 상황이 TV토론에서 상대 후보를 압도한 덕분이다. 뒤지고 있던 선거전에서 토론 능력을 통해 막판 역전한 것이다. 물론 토론 능력이 필요한 건 대통령이 되기 위해서만은 아니다. 살아가면서 가장 필요한 능력 중 하나가 토론이기 때문이다. 우린 혼자가 아닌 남들과 함께 살고, 함께 어울려 일한다. 토론은 커뮤니케이션 능력이면서 논리와 사고, 전략적인 능력이기도 한데, 말 재주와 달리 단기간에 쌓을 수 있는 게 아니다.

흥미롭게도 에듀테크 기술을 잘 이용하는, 가장 미래 스타일로 교육하는 미네르바스쿨Minerva Schools은 실시간 토론을 하는 라이브 교육이다. 기존의 온라인 교육인 무크MOOC, Massive Open Online Course와는 다르다. 무크는 온라인 공개수업으로 동영상 강의다. 일방적 강의 중심이며 실시간 질의응답이나 토론이 제한적이다. 반면 미네르바스쿨은 모든 수업이 라이브 교육이다. 온라인으로 수업하지만 실시간 질의응답과 토론 중심의 수업이다. 수업자료를 온라인으로 미리 학생들끼리 학습시키고, 자체적인 온라인 강의 플랫폼 '포럼'을 통해 **매일 저녁 교수와 학생이 실시간 토론 수업을**

한다. 일방적 지식 전달이 아니라, 자발적이고 주도적인 학습능력을 키우는 것이 이 학교의 방향성이기도 하다. 학위 자체가 아니라, 졸업 이후에도 계속 잘 학습할 수 있는 능력을 갖게 하고, 전 세계를 무대로 일하고 살아갈 글로벌 인재를 키우려는 것이다. 온라인과 에듀테크의 장점을 잘 활용하는 대학의 새로운 모델인 것이다.

2014년 개교한 미네르바스쿨은 캠퍼스도 강의실도 없는 정규 대학이다. 전통적인 대학들은 그동안 오프라인에서 넓은 캠퍼스에 수많은 건물을 지으며, 부동산 가치를 자산으로 삼고, 스포츠팀을 운영하고, 수익사업과 투자에 적극적이었다. 그러다 보니 엄밀히 대학이 학생들을 위해 존재하는지, 대학의 비즈니스를 위해 학생이 존재하는지에 대한 문제제기가 나올 수밖에 없었다. 대학의 중심이 교육이 되기 위해선, 오히려 온라인 기반의 비대면 모델이 대안이 될 수도 있다. 이는 미네르바 프로젝트Minerva Project 설립자이자 CEO인 벤 넬슨Ben Nelson이 미네르바스쿨을 만들기 위해 가졌던 문제의식이라고 밝힌 내용들이다. 이런 문제의식은 기존의 대학들로 전염되고 있다. 위기의식을 느낀 대학들이 가장 많이 벤치마킹하며 들여다보는 곳이 미네르바스쿨이기도 하다.

자체적인 온라인 강의 플랫폼을 통해 매일 저녁 교수와 학생이 실시간 토론 수업을 하는 미네르바스쿨은 온라인과 에듀테크의 장점을 잘 활용하는 대학의 새로운 모델로 자리잡고 있다. (출처 : 미네르바스쿨 홈페이지)

　　캠퍼스가 당연히 있던 대학과 달리, 캠퍼스가 없는 건 새로운 장점이 되기도 한다. 1학년은 샌프란시스코, 2학년은 서울, 하이데라바드(인도), 3학년은 베를린, 부에노스아이레스, 4학년은 런던, 타이페이 등 4년간 전 세계 7개 도시에서 학생들은 생활하면서 학업을 진행한다. 물리적 공간으로서의 캠퍼스 없이 온라인으로 수업하다 보니 오히려 캠퍼스를 전 세계로 이동할 수 있는 것이다. 글로벌 인재를 키우는 데 효과적일 뿐만 아니라, 디지털 노마드나 창업자, 혁신가를 키우기에도 좋다.

등록금은 연간 3만 1,000달러 정도인데, 아이비리그 대학에 비해 1/3 정도다. 미네르바스쿨은 아이비리그 수준의 교육을 더 낮은 가격에 제공하는 것도 목표라고 한다. 2014년엔 2,500여 명이 지원했고, 2015년엔 1만 1,000여 명, 2016년엔 1만 6,000여 명, 2017년엔 2만 3,000여 명이 지원하는 등 매년 지원자가 증가한다. 특히 2017년 지원자 중 합격률은 1.9%였는데, 당시 하버드대 합격률은 4.6% 였다.

두 학교를 단순 비교할 수는 없으나, 미네르바스쿨이 얼마나 인기 있고, 들어가기 어려운지 알 수 있다. 그만큼 새로운 교육 모델에 대한 관심과 기대가 크기 때문이다. 물론 들어가는 것보다 나오는 게 더 어렵다. 학습 강도가 아이비리그 대학보다 더 높다는 평가도 있다. 리더를 키우는 진짜 공부이자 프로페셔널 스튜던트가 되어 평생 공부 잘 하도록 하는 게 이 학교의 목적이다.

무크에서
전 세계 명문대의
수업을 만나라

SKY 못 갔다고 그곳의 강의를 못 듣는 건 아니다. 예일대, 하버드대, MIT 못 갔다고 그곳의 강의를 못 듣는 것도 아니다. 과거엔 명문대에 입학해야만 수업을 들었다면, 지금은 무료로 온라인에서 수업을 들을 수 있다. 진짜 필요한 게 학위가 아니라 공부라고 생각한다면, 우린 얼마든지 유명한 교수들의 수업을 이 학교, 저 학교, 이 나라, 저 나라 다니면서 들을 수 있다. 물론 물리적으로 직접 가지 않아도, 내 방 책상 앞에 앉은 채로 컴퓨터와 인터넷만 있으면 가능하다.

무크MOOC는 Massive(수강인원 제한 없고), Open(누구에게

나 열려 있는), Online(온라인 환경의), Course(강좌)의 앞 글자를 딴 말이다. 시간과 공간의 제약 때문에 교육을 받지 못하는 사람이 없도록, 자신의 꿈을 위해 누구나 원하는 공부를 할 수 있도록 만든 것이 바로 무크다. 코세라Coursera, 에드엑스edX, 유다시티Udacity 등이 무크 서비스를 하는 대표적인 글로벌 온라인 교육 플랫폼이다.

코로나19 팬데믹으로 무크 이용이 급증했다. 전 세계 대학이 온라인 수업을 필수로 하게 되면서 무크 활용도 높아졌고, 실제로 코세라는 코로나19로 정상적인 학사 진행에 어려움을 겪는 전 세계 대학에 코세라 포 칼리지Coursera for College 서비스를 무료로 제공하기도 했다.

코세라는 2012년 설립되었으며, 듀크대, 예일대, 프린스턴대, 스탠퍼드대, 펜실베이니아대, 버클리음대, 카네기멜론대, 조지아텍, 존스홉킨스대, 조지워싱턴대, 카이스트, 연세대, 칭화대, 도쿄대, 싱가포르국립대, 홍콩대, 런던대, 코펜하겐대, 제네바대, 바르셀로나대, 시드니대, 뮌헨공대 등 전 세계 주요 명문대를 비롯, 구글, IBM, 인텔, 시스코, 아마존 등에 이르기까지 200여 개 대학 및 기업과 협업하고 있다.

전 세계 명문대의 강의를 무료로 수강할 수 있는데 4,600개 이상의 수업이 운영되고, 유료 학위 과정도 40개가 넘는다.

코세라에서 제공하는 유수 대학이나 기업에서 개발한 교육 및 계발 프로그램을 이용하는 비즈니스 고객, 즉 기업이 2,400개가 넘는다. 직장인도 학생도, 공부를 위해서 학위를 위해서 다양하게 이용하는데, 2012년부터 2020년까지 7,600만 명 이상이 이용했다고 한다. 코세라의 2019년 학습자 성과 설문조사 결과에 따르면, "전문적인 역량을 개발하기 위해 학습하는 사람들 중 87%가 승진, 연봉 인상, 새로운 경력 시작과 같은 경력상의 이점이 있었다"고 답했다.

기본적으로 코세라 강의는 무료지만, 수료증을 받으려면 유료로 등록해야 한다. 온라인 학위 과정도 제공되는데, 애리조나주립대, 런던대, 미시간대 등과 연계해서 학사, 석사 과정이 온라인으로 개설되어 있고, 학위 과정은 1~3년 소요된다. 일리노이주립대는 8만 달러의 MBA 과정을 2만 달러의 iMBA 과정으로 제공했고, 펜실베이니아대 와튼스쿨은 MBA 학위 과정은 아니지만 5개 코스의 특별 과정을 약 600달러에 제공했다. 무크는 대학에도 새로운 비즈니스 기회가 된다. 오프라인 교육 중심에서, 온라인과 결합하거나 온라인화를 통해 전 세계 학생들을 유입시킬 수 있기 때문이다.

조지아공대는 유다시티 플랫폼을 통해 2013년부터 3학기 기준 4만 5,000달러의 정규 컴퓨터과학 석사과정Online Master of Science in Computer Science을 무크를 통해 7,000달러에 제공했다. 조지아공대 학생과 동일한 내용으로 공부하고, 동일한 기준으로 평가받고, 학위도 동일하다. 물론 온라인이라고 더 쉽게 해주는 것이 아니다 보니 오프라인 학생보다 학위 취득율은 낮을 수 있으나, 전 세계 어디서든 조지아공대 석사과정을 이수할 수 있다는 장점이 있다. 2016년 기준 86개국 3,000여 명이 이 과정에 등록했다.

MIT 경영대학원은 에드엑스 플랫폼을 통해 8만 달러 정도의 2학기 과정인 MIT 물류경영 MBA 과정 5개 코스(코스당 150달러)를 제공했는데, 5개 코스 수업과 기말시험비를 포함해 총 1,500달러 정도로 한 학기를 수료하면 마이크로 석사 자격증MicroMaster's Credential을 받을 수 있다. 마이크로 석사 자격증을 취득한 학생은 원할 경우 일정한 심사를 거쳐 MIT 대학 캠퍼스에서 나머지 한 학기를 4만 달러 정도로 이수할 수 있고, 이럴 경우 물류경영 석사 학위Blended SCM Master's Degree를 취득할 수 있다. 온, 오프라인 결합 과정인 셈이다.

중요한 건 공부하고자 하는 의지가 있는데 공부할 방법이 없는 시대가 아니라는 것이다. 돈 없어도, 시간 없어도 된다. 무료로, 온라인으로 몰아서 봐도 된다. 대학을 가지 말고 무크만 하자는 얘기가 아니다. 대학을 다니더라도, 자신이 선택한 전공을 공부하면서 같은 전공을 전 세계 다른 명문대 유명 교수들은 어떻게 수업하는지 들어봐도 좋다. 자신이 다니는 학교에선 없는 과목인데, 자신의 전공과 연관된다면 전 세계 어디든 그 수업이 제공되는 곳에서 찾아 들으면 된다. 공부할 콘텐츠는 넘치고 또 넘친다. **대학을 가든 안 가든 누구나 명문대의 최고 수업을 공부하며 자신의 실력을 키울 수 있는 시대다. 이런 시대를 살면서도 이걸 이용하지 않는다면 그건 심각한 낭비다.**

울트라러닝에
도전하라

무크를 가장 잘 이용한 사례가 바로 울트라러닝Ultralearning이다. 울트라러닝은 초학습이란 말로 해석되는데, 4년을 1년으로 압축해서 강력하게 공부한다는 말이다. 캐나다 밴쿠버에 사는 스콧 영Scott H. Young은 2011년 10월부터 2012년 9월까지 12개월간, 무료로 모든 수업을 공개한 MIT 오픈코스웨어OpenCourseWare를 통해 MIT 컴퓨터과학Computer Science 4년 과정에 해당하는 33개 과목의 수업을 공부했다. 4년 과정을 1년 만에 끝낸 것이다. 학교 캠퍼스에는 가본 적도 없고, MIT와 4,000km 떨어진 집에서 온라인으로만 수강했다. MIT의 4년 과정을 독학으로 1년에 끝내는 걸 MIT 첼린지MIT Challenge로 명명하고 자신의 블로그(www.scottyoung.com)에서 모든 과정을 자세히 공개했다.

그는 고등학교를 졸업할 당시 점수에 맞춰서 중위권 대학에 들어갔고, 전공을 선택할 때도 경영학을 막연하게 선택했다고 한다. 그런데 졸업할 때가 되니 적성과 진로를 고민하다 컴퓨터과학에 관심이 생겼다. 그렇다고 다시 대학에 가서 등록금과 4년이란 시간을 투자하기는 쉽지 않았다. 그때 MIT 오픈코스웨어를 알게 되어 컴퓨터과학 공부를 시작한 것이다. 취업하기 위해 학위가 필요하다고 생각했다면 그렇게 하지는 못했을 것이다. MIT 오픈코스웨어는 학위를 제공하지는 않기 때문이다. 학위는 없지만, 공부가 하고 싶어서 그는 시간을 투자하기로 했다.

시간 여유가 많지 않으니 4년을 1년으로 압축했다. 실제 MIT 학부생들이 졸업하기 위해 들어야 하는 수강 과목 리스트를 찾고, 온라인으로 수업 영상과 자료를 보며 독학했다. 오전 6시에 시작해 오후 6시까지 공부했는데, 33과목을 패스했으니 10일에 한 과목씩 끝낸 셈이다. 모든 과목은 최종 시험에 합격해야 패스하는데 시험도 통과했다. 교양 수업이라도 4년을 1년으로 몰아서 패스하려면 쉽지 않을 텐데, MIT의 수업을 그렇게 했다니 얼마나 고강도로 공부했는지 짐작이 간다.

그런데 달리 생각해보면 4년을 1년으로 하는 건 아주 어렵긴 해도 가능했으니, 4년을 2년으로 줄이는 건 어느 정도 가능해 보인다. 여름방학, 겨울방학 다 빼고 4년 동안 공부하는 것을 방학 없이 공부만 해서 2년에 마치면 시간 면에선 큰 차이가 나지 않기 때문이다. 그가 명문대 공대 출신도 아니고, 경영학을 전공한 사람이 컴퓨터과학을 울트라러닝으로 했다는 건, 달리 보면 그가 천재여서 가능한 게 아니라 우리도 충분히 도전할 만한 일인 것이다. **한국의 고등학생들은 하루 10시간 공부는 기본으로 해봤다. 한국의 입시공부로 다져진 한국 학생들로선 울트라러닝 도전도 해볼 만한 일이 아니겠는가.**

그의 MIT 챌린지가 알려지며, 마이크로소프트Microsoft에서 입사를 제안받는 것을 비롯해 스타트업에서 프로그래머로 영입 제안도 받았지만, 그가 선택한 건 또 다른 울트라러닝이었다. 미술(초상화 수업)을 1개월간 울트라러닝한 것을 비롯, 스페인어, 중국어, 한국어, 마케도니아어 등 외국어도 3개월씩 울트라러닝에 도전했다. 공부가 직업이 된 셈이다.

그는 자신의 독학법을 '울트라러닝Ultralearning'으로 이름

붙이고, 이를 책으로 출간해, 학습법을 알리고 강연도 한다. 그의 책은 미국에서 〈월스트리저널〉이 꼽은 베스트셀러가 되었고, 한국에도 번역 출간되었으며, 다른 책도 계속 쓰고 있다. 작가이자 프로그래머, 강연자로 다양한 삶을 살아가는 것이다. 물론 그가 계속 새로운 공부를 하다 보니, 그의 직업은 추가되고 변화할 것이다. 그는 전형적인 프로페셔널 스튜던트다.

점수 맞춰서 대학 가고, 남들이 유망하다고 해서 막연히 전공을 선택한 이들이 많다. 적성은 중요하지 않다며, 먹고 사는 직업이면 된다는 생각에 꿈도, 적성도 무관한 일을 하면서 스스로 자기합리화하는 이들이 많다. 다시 대학에 가고 등록금과 시간을 투자하는 게 현실적으로 어려워 그냥 포기하며 살았다면, 이제 무크를 통해 무료로 대학 공부를 할 수 있다. 자신의 실력과 전문성을 키우며, 그로 인해 포기할 뻔한 꿈도 되찾고, 생각지도 못했던 기회를 얻으며 성장하는 것도 가능하다. **학위에 대한 집착을 버리고, 진짜 공부에 집중하면 얼마든지 새로운 기회가 만들어지는 시대다. 미래는 더 그럴 것이다.**

입시공부했던 것을 평생 얼마나 써먹는가?

솔직히 써먹을 거 별로 없다. 퀴즈 풀 때 빼곤, 일하면서 써먹을 일도, 인간관계에서 써먹을 일도 없다. 시험 치는 기술만 배웠지, 사회에서 필요한 건 안 배웠기 때문이다. 무조건 외운 것들은 시간 지나면 가물가물 잊히고, 설령 기억나도 써먹을 데가 없다. 몇년도에 누가 뭘 했는지가 역사 공부의 핵심이 아닌데도, 우린 연도와 사람, 이슈만 외웠다. 정작 그 이슈를 어떤 배경, 어떤 사회적 의미로 해석할지, 그걸 현재의 이슈와 어떻게 연결지을지는 가르쳐주지도, 관심 둘 틈도 없었다.

입시의 영어 시험 문제는 영국인, 미국인이 봐도 황당해한다. 문제를 이리저리 꼬아서 어떻게든 틀리게 만들려고 하거나, 현실에서 쓰지 않는 표현도 시험을 위한 시험이라서 낸다. 영미권 사람들과 의사소통 잘하게 하려고 가르치는 영어 수업이 아니라, 점수 따는 스킬로서의 영어 수업일 때가 많다. 이해는 된다. 시험 점수 1점으로 당락이 가려지는 입시에선 점수 분포를 고르게 하기 위해서라도 난이도를 높이고, 복잡하게 꼬는 문제로 변별력도 높여야 불만이 적다.

2021년 수능 응시자는 42만 1,034명이고, 이중 재학생은 29만 5,116명, 졸업생(검정고시 포함)은 12만 5,918명이었다. 물론 수시전형, 논술전형에서 훨씬 더 많은 숫자가 지원한다. 서울의 상위권 대학(총 6만 명 정도를 뽑는)의 수시전형에만 90만 명(복수)이 지원했다. 경쟁이 치열하다 보니 늘 시험 같은 시험만 보고, 공부도 늘 그런 식이었다. 써먹지도 못할 공부, 그것도 미래에 필요성이 별로 없는 공부에 시간과 노력, 비용을 쏟아붓는 건 국가적 손해다.

공무원 시험공부도 마찬가지다. 국가직, 지방직 합쳐서 연간 공무원 채용 규모는 3만 명 정도다. 이것도 최근에 많이 늘어난 수치라서 앞으로 이보다 줄어들 수 있다. 전체 취업 준비생은 연간 70만 명 정도이고, 이중 공무원 시험을 준비하는 공시족은 25만~40만 명으로 본다. 잡코리아와 알바몬의 '2020년 공무원 시험 준비 현황'에 대한 설문조사 결과, 올해 공무원 시험을 보겠다는 응답이 취업준비생 중에선 58.7%였다. 대학생 중에선 47.5%였다.

수년째 정부 통계에서도 취업준비생 중 공시족 비율이 10명 중 4명 수준으로 파악되고 있다. 공시족은 잠시 공부하는 게 아니라, 몇 년을 투자하는 경우도 많다. 엄청난 비용과 시간이 투입되는데, 청년들이 일을 해서 생산성을 높여야 할 시기에 시험 준비에 매달리고 있으니 기회비용 차원으로 보면 국가적으로 수십 조 원이 낭비되는 셈이다.

공무원 시험을 준비하는 사람 중 95%는 결국 시험에 떨어진다. 합격한 5%야 취직하고 돈을 벌게 되니 쓸데없는 공부건 아니건 간에 기회를 이어가니 문제가 적은데, 불합격한 95%는 다르다. 몇 년간 공부하며 시간과 노력, 돈을 쏟았지만 시험에 불합격하면 그동안의 공부가 다 쓸데없어진다. 실제로 사회에서 쓰임새 있는 공부가 아니라 단지 시험에서 당락을 가르기 위한 입시용 공부였기 때문이다.

대학 입시도 마찬가지다. 왜 우린 죽은 공부를 시험용 공부라는 이유로 중점적으로 해야 할까? 써먹을 수 있는 것으로 시험 공부하게 하면 안 될까? 그래서 제기된 것 중 하나가 코딩을 시험 과목에 넣자는 아이디어다. 지금도 필요하지만, 앞으로 더더욱 중요해질 코딩을 시험 과목으로 넣으면 적어도 공무원이 되진 못해도 써먹을 기술 하나는 얻어 가는 것이니까.

코딩은 대학 과목에 넣어도 된다. 초중고 12년간 입시공부하고, 대학 다니면서 대학 졸업하고서도 수년간 취업공부를 하는데 적어도 실용적으로 쓸 수 있고, 이왕이면 미래에 더 가치가 커질 것을 공부하게 하는 건 기회비용 차원에서 합리적인 선택지다. 물론 시험 산업의 이해관계에 얽힌 이들은 싫어할 수도 있고, 코딩도 시험기술로 다룰 것이라서 한계도 분명 생길 것이다. 그럼에도 변화가 필요하다.

대학은
꼭 가야 할까?

당신이 대학을 가는 이유는 무엇인가? 공부하려고 가는 것
인가? 아니면 학위가 있어야 취업할 수 있기 때문인가? 직
업에 귀천이 없다는 말은 현실에선 통하지 않는 게 한국 사
회다. 돈 못 버는 직업을 하찮게 여기는 걸 서슴지 않는다.
생산직과 서비스직보다는 사무직을 우대하고, 그보다는 전
문직을 우대한다. 직업적 가치는 어떤 직업이든 저마다 가
치가 있다. 하지만 대개 사람들은 부와 명예를 쌓기 유리
한 직업을 우대하고 선호한다. 초중고 학생들의 장래희망
을 보면 의사, 변호사, 교수 같은 전문직과 함께, 안정적 직

업의 대명사라는 공무원(교사, 경찰 포함)이 상위권을 장악한다. 이러니 대학에 연연할 수밖에 없다. 전 세계에서 대학 진학률도 가장 높고, 학력 컴플렉스도, 학력 차별도 심하다. 확실히 우린 대학을 대학의 원래 목적 그 자체로만 보지 않는다. 이러다 보니 명문대에 대한 집착은 광적이다.

명문대는 한국에만 있는 게 아니다. 각 나라마다 있고, 특히 미국이나 영국 등엔 세계적 명문대도 많다. 그런데 유독 우리나라가 명문대에 대한 집착과 경쟁이 치열하다. 대학에 진학하는 이들 모두가 갈 수만 있다면 명문대를 원한다고 해도 과언이 아니다. 특히 초등학생은 다 명문대를 꿈꾸고, 중학생도 꽤 많이 꿈꾸고, 고등학생이 되어도 막판 역전을 기대하며 명문대를 포기하지 않는다.

꿈꾸는 건 좋고 역전을 위해 노력하는 건 좋다. 하지만 명문대 정원은 한정되어 갈 수 있는 사람은 소수다. 그럼에도 모두가 명문대를 꿈꾸며 사교육에 돈을 쓰다 보니 초중고 12년간 막대한 시간과 비용을 투자한다. 가능성이 1%만 있더라도 그 돈과 시간을 쓴다. **학교 성적이 상위권인 학생만 명문대를 꿈꾸는 게 아니라 모두가 도전하다 보니 치열한 입시경쟁이 불가피하다. 명문대만 나오면 모든 게 해결되는 시대를 살았기 때문이다.**

당신의 자녀가 명문대에 가면 좋겠다는 이유는 무엇인가? 첫 번째는 학위다. 그리고 그 학위의 궁극적 목적은 취업이나 사회생활에서 이득을 보는 것이다. 두 번째는 학연이다. 그 학연의 궁극적 목적은 인맥을 통해 이득을 보는 것이다. 학위와 학연, 이 두 가지 모두 그 자체가 목적이 아니라, 그걸 통해 더 많은 기회를 누리고, 돈을 더 벌고, 더 좋은 지위를 누리는 것이다.

JTBC 〈스카이캐슬〉(2018~2019)과 SBS 〈펜트하우스〉(2020)로 이어지는 두 편의 히트 드라마는 상류층의 허영과 1등 만능주의, 교육 전쟁을 중심축으로 다뤘다. 아무리 럭셔리로 포장하고 일부 상류층 얘기라고 하지만 막장은 막장이다. 드라마에서 한국 사회의 가장 큰 두 가지 욕망이자 구조적 폐해를 끼치는 '부동산'과 '사교육'을 다루는데, 사실 현실이라고 다르지 않다.

비싼 집을 가지고(엄밀히 따지면, 집값이 계속 올라 비싸진 것이 더 맞다), 자녀를 서울대 보내는 게 인생의 목표인 사람들이 여전히 많다. 과연 이 두 가지를 이루면 행복할까? 집이 비쌀수록 매년 부담할 보유세도 그만큼 늘어난다. 집값이 올랐다고 팔아서 돈벌 수 있는 것도 아니다. 살아야 할 집이 있어야 하니까 한 채만 가진 사람들로선 집이 아무리 비싼들 그건 숫자에 불과하지 당장 자기 손에 쥘 수 있는 돈이 아니다. 그런데도 매년 목돈의 세금은 내야 한다. 물론 집값 오르는데 싫어할 이유는 없지만, 그렇다고 마냥 좋아할 일도 아니다. 내 집뿐 아니라 남의 집값도 오른다. 지금 사는 집보다 더 좋은 집으로 옮겨가는 건 원해도, 더 작고 나쁜 집으로 가는 걸 원하는 사람은 별로 없다. 결국 집값 올라봐야 더 좋은 다음 집으로 옮겨가기만 어려워질 뿐이다.

자식이 서울대 간다고 인생이 필까? 서울대 졸업한다고 부와 명예가 보장되는 시대는 애시당초 끝난 지 오래다. 서울대 졸업해도 취직하지 못하는 이들이 수두룩하고, 취직해도 서울대 타이틀이 승진에 미치는 위력은 크게 줄었다. 솔직히 서울대 출신이라고 해도 좋은 학교 나왔다는 정도이지, 그것으로 인생이 피지는 않는다. 앞의 두 드라마에선 주요 등장인물이 이미 엄청난 부자다. 자식이 서울대 나와서 돈 많이 벌어 집안을 일으키길 바라는 것도 아니고, 지금 가진 돈을 잘 물려주면 된다.

솔직히 현실의 진짜 부자들은 서울대 타령을 끝낸 지 오래다. 가면 좋긴 하지만 서울대 가지 않더라도 별일 생기지 않는다는 걸 안다. 외국 유학을 선호하기도 하지만, 과거에 비해 학위가 주는 힘이 별로 없다는 건 다들 알고 있다. 그럼에도 엄청난 사교육비를 대고, 기부금을 내는 등 다양한 방법을 써서라도 명문대에 보내려는 시도를 계속하는 건 실용성 때문은 아니다. 남들의 시선, 대외적 위상, 명분과 관성 등이 작용한 것이다. 대학 학위가 갖는 의미가 그 정도뿐이다. 지금도 그런데, 앞으로는 더하지 않을까?

학위의 힘도 약해지고, 학연의 힘마저 점점 약해지는데, 명문대 보내는 걸 인생 역전의 찬스로 보는 시각은 이제 바뀌어야 한다. 명문대가 좀 더 유리할 순 있어도, 명문대 안 나와도 기회는 많다. 가더라도 들러리처럼 가진 말자. 목적 가지고, 투자 관점으로 가라. 남들 다 간다고, 졸업장 얻자고 가는 건 투입되는 시간과 비용 대비 효과가 떨어진다. 오히려 목적 없이 4년이란 시간을 대학에 묶여 있으면 시간 낭비이자 기회 낭비다. 등록금 낭비보다 그게 더 큰 낭비다.

대학이 불필요한 게 아니다. 필요하다. 하지만 모두에게 필요하다고 할 수는 없다. 이젠 확실히 그렇다. 과거엔 모두에게 대학 졸업장이 필요한 시대였다면, 지금은 아니다. 가방끈 길어야 유리한 시대는 끝났다. 이제 가방끈이 아니라 스킬이자 실력이 관건이다. 졸업장, 학위, 자격증이 아니라 진짜 스킬, 당장 써먹을 살아 있는 스킬과 경험을 얼마나 쌓았느냐가 중요하다.

명문대 졸업장으로 취업하는 것보다 명문대가 아니어도 스타트업 창업해서 훨씬 더 큰 부와 명예를 만들어나가는 경우도 얼마든지 많아졌다. 심지어 초등학생 유튜버가 대기업 임원보다 더 많은 연소득을 올리기도 한다. 학력과 사회적 성공의 절대적 비례 공식이 분명 깨지는 현실이다. 그렇다고 학위 자체가 필요 없는 게 아니다. 목적 없이 맹목적으로 대학 졸업장은 있어야 한다는 태도를 버리자는 것이다. 우리의 태도 변화에 따라 대학교육도 질적 진화가 더 빨리 이뤄질 것이다. 그래야 대학도 살아남으니까.

고졸보다 대졸이 연봉이 더 높다. 미국도 학위의 힘은 크다. 그런데 변화가 있다. 미국 리서치 전문기업 갤럽Gallup이 2019년에 미국 성인 2,000명 대상으로 대학교육의 중요성을 물었더니, 답변으로 '매우 중요하다' 51%, '상당히 중요하다' 36%, '중요하지 않다' 13%였다. 같은 조사를 2013년에 했을 때 '매우 중요하다' 70%, '상당히 중요하다' 23%, '중요하지 않다' 6%였던 것과 비교하면 차이가 난다. 특히 조사 대상을 18~29세로 한정해서 보면 '매우 중요하다'는 응답이 2013년엔 74%였으나 2019년엔 41%였다. 대학에 다닐 나이대의 청년층에서 대학의 중요성에 대한 회의적 시각이 몇 년 새 커진 것이다.

이런 변화에는 비싼 등록금도 일조한다. 2019년 기준 미국의 평균 등록금은 사립대학 4만 8,510달러, 공립대학 2만 1,370달러 정도다. 이것이 고스란히 학자금 빚이 되는데, 과연 비용 투자 대비 효과가 있느냐에 대한 회의가 커졌다. 아울러 대학을 나오지 않고서도 성공하는 사례가 늘어나는 것도 일조한다. 대학 학위 없이도 스타트업으로 부와 명예를 거머쥔 이들이 계속 등장하고, 스타트업이나 IT 기업에서도 점점 학위를 채용의 필수 조건으로 보지 않는 것도 영향을 준다. 그럼에도 고졸보다는 대졸이 취업이나 비즈니스에서 유리한 건 여전하다. 최소 몇 년간은 이런 흐름이 더 이어질 것이다. 그래서 대학을 가느냐 안 가느냐 하는 관점보다는, 학위가 주는 효과가 줄어들고 있으니 대학 간판만 믿지 말고 실력을 키워야 한다는 관점으로 보아야 한다.

혹시 이 책을 읽기 전에 '대학 갈 필요 없다. 명문대 가도 별로 득 되는 것도 없다'라는 내용을 기대했다면 생각을 다시 해보라. 대학의 가치가 달라진 것도 분명하고, 대학 졸업장을 취업에서 따지지 않는 글로벌 기업이 자꾸 늘어나는 것도 맞다. 그렇다고 대학 자체가 필요 없고, 다 사라지는 건 아니다. 꽤 많은 대학이 망하는 건 분명하다. 꽤 많은 교수가 일자리를 잃는 것도 분명하다. 하지만 **새로운 시대에 맞게 변화해 시대의 요구에 부응한 대학은 살아남는다. 그런 대학은 과거에 우리가 알던 대학교육보다 좀 더 현실적이고, 산업적 필요에 맞는 교육을 심도 있게 해줄 것이고, 당연히 4년이란 학부 기간이 크게 단축될 것이다.** 한번 배우고 그 졸업장을 평생 써먹는 평생보장 에너지 같은 느낌이 아니라, 계속 새로운 교육을 시켜주는 충전소 같아지는 것이다. 스마트폰을 쓰기 위해 배터리 충전도 계속 해야 하고, 필요한 앱도 다운받아야 하고, 앱의 업데이트도 해야 하듯이 말이다.

어떤 전공을 선택하는 게 유리할까?

결론부터 얘기하면, 어떤 전공이라도 특별히 유리할 건 별로 없다. 그리고 유 불리 따지기 전에 지금 가장 관심 많고 재미 있을 것 같은 전공을 선택하는 게 낫다. **어차피 모든 분야는 융합으로 간다. 무엇을 먼저 시작했든 간에 결국 다른 걸 계속 배워서 융합시켜야 한다. 그러니 첫 번째 전공 선택에 너무 큰 의미를 두지 말라.** 전공이 자신의 직업이자 미래의 전부란 생각도 버려라. 전공은 하나의 퍼즐이고, 시작일 뿐이다. 평생 살면서 한 가지 직업으로 한 군데 직장을 다니는 평생직장은 20세기의 유물이다. 철밥통이라 불리는 공무원도 곧 정년보장은 불가능해지고 능력 안 되는 이들은 수시로 정리될 것이다. 그러니 평생직장을 고민하며 전공을 선택하는 구시대적 태도를 버려라.

아울러 한 가지 직업으로 여러 직장을 옮겨다니는 시대도 끝났다. 직업의 유효기간도 계속 짧아져서, 사는 동안 자신이 하던 직업의 가치가 떨어져 다른 직업으로 갈아탈 일이 여러 번 생긴다. 지금의 중고등학생이 살아갈 미래에선 10년 주기로(그보다 더 짧은 주기가 될 수도 있다) 직업을 갈아타는 것도 보편적일 수 있다. 그러니 대학 전공 하나로 평생 우려먹을 생각 말자. 대학에서 전공한 것의 가치는 겨우 졸업 후 몇 년도 못 갈 테니까.

그럼에도 좀 더 관심을 가질 전공은 있다. 미래사회에 중요해질 분야이자, 기술 기반의 전공들이다. **어떤 직업을 갖든 STEM**Science, Technology, Engineering, Mathematics**을 공부한 이들에게 기회가 더 많아진다.** 미국, 영국, 일본, 독일을 비롯해 선진국에서 이미 과학, 기술, 공학, 수학을 의미하는 STEM 분야에 경쟁적으로 투자와 교육이 이루어지고 있다. 미래에 필요한 인재들이 많은 분야이기도 하고, 미래 산업과 기술에서 가장 필요한 교육이기도 하다. 아울러 여러 직업을 갖기 전 기초가 되는 공부이기도 하다. 앞으론 인문, 사회, 경영 분야의 직업에서도 STEM 전공자가 유리할 수 있다. 더 이상 과거처럼 문과, 이과 나누는 식의 직업 구분을 버려야 하는 것이다. 모든 길은 STEM으로 통한다.

다만, 요즘 한창 각광받는 키워드가 전공명에 들어간 곳은 좀 더 신중하게 살펴봐야 한다. 대학도 비즈니스다. 학생이 입학해야 등록금을 받는다. 그래서 많은 지원을 유도하기 위해 사람들이 유망하다고 여기는 키워드를 넣은 전공을 급조해서 자꾸 만들어낸다. 학과나 전공명에 데이터, 인공지능, 3D프린팅, 로봇, 핀테크, 블록체인, 가상현실, 유튜버, 드론 등이 들어가기도 하고, 미래, 융합, 스마트라는 그럴싸한 만능 키워드도 자주 쓴다.

물론 제대로 투자해서 만든 곳도 있겠지만, 교수 라인업은 그대로인데 학과나 전공 이름만 멋지게 바꾼 소위 이름 '세탁'도 있고, 신기술과 산업적 역량이 필요한 전공인데 그걸 충분히 가르칠 시스템이 준비되지 않은 '허풍'도 있고, 이전에도 이름을 계속 바꿔온 전력이 있는 '상습'도 있다. 이런 경우는 확실히 학생 유치 마케팅 차원의 접근이기에 기대했던 전문성을 학교에서 쌓을 가능성이 의심스럽다.

그럼에도 취직 잘 될까 싶어서 이런 대학에 희망을 품고 들어가는 이들이 꽤 있다. 물건 살 때 꼼꼼히 따지듯, 적어도 교수 라인업과 어떤 커리어를 가졌는지, 시스템과 장비에 어떤 투자를 하는지 살펴봐야 한다. 시간 낭비, 돈 낭비를 하지 않으려면 말이다. 그깟 허울 좋은 종이 학위 한 장 받아봐야 쓸 데도 없다. 오히려 유망한 기술을 배우는 건 대학교육보다 단기 교육 프로그램이 나을 수 있다. 시간과 비용도 절감하고, 결정적으로 집중해서 빨리 배워 비즈니스 필드에서 경험을 쌓는 게 기회비용 측면에서 훨씬 유리해서다.

그래도 의대는 계속 유망하지 않을까? 이 말은 반은 맞고 반은 틀릴 수 있다. 이미 망하는 동네 병원도 많고, 금융권에서 의사의 신용대출 가능 금액도 예전에 비해 크게 줄었다. 돈 잘 버는 직업으로서의 의사는 예전만 못하다. 물론 다른 직업에 비해선 잘 번다. 의대를 가더라도 생각의 전환이 필요하다. 그동안 의대를 가는 건 환자를 치료하는 의사가 되는 길이었다. 실제 의사가 되면 거의 대부분 그 길을 걷는다. 그게 가장 돈 잘 버는 길이기도 했고, '의사=진료'라는 공식을 당연시 여겨서다.

사실 의사가 가장 필요한 새로운 분야가 바이오산업이다. 글로벌 리서치 컨설팅 기업 마켓라인MarketLine의 〈Global Biotechnology〉 보고서(2020년 6월)에 따르면, 글로벌 바이오산업 시장규모는 2015년 3,325억 달러였는데 2019년엔 4,502억 달러가 되었다. 2016년은 전년 대비 시장규모가 5.8% 성장했고, 2017년은 전년 대비 7.9%, 2018년은 전년 대비 8.4%, 2019년은 전년 대비 9.3% 성장했다. 매년 성장세가 올라가는 추세다. 2020년은 코로나19 팬데믹이란 특별한 계기를 만났다. 바이오산업으로선 2020, 2021년은 폭발적 성장세를 만들어낼 시점인 것이다. 팬데믹 이전에 기존의 추세만 가지고도 2024년 6,433억 달러를 전망했는데, 이젠 그보다 더 커질 전망이다. 6,433억 달러면 한화로 700조 원 정도다. 이미 2019년에 500조 원 정도의 시장이었으니, 향후 10년이면 1,000조 원은 충분히 가능할 것이다.

이게 전부가 아니다. 헬스케어산업도 바이오산업을 능가한다. 기존 의료산업이 규모는 여전히 훨씬 크지만, 성장성과 미래를 고려한다면 병원이 아닌 다른 선택도 가능한 것이 바로 의사다. 약국을 차리려고 약사가 되고, 병원을 개원하려고 의사가 되는 것은 너무 관성적이다. 물론 바이오산업에 필요한 의사를 양성하려면 의대도 바뀌어야 한다. 흥미롭게도 포스텍이 의대를 신설하려고 시도하는데, 여기서 중심으로 잡은 것이 병원에서 필요한 의사를 키우는 의대가 아니라 바이오산업에서 필요한 전문가를 키우는 R&D

중심 의대라는 접근이었다.

　사람 팔을 대신하는 로봇팔 정도가 아니라 로봇이 의사 대신 수술하고, 마이크로 로봇이 사람 몸 안에서 진단하고 치료하는 미래가 언젠가는 올 것이다. 그렇다고 의사가 사라지는 건 아니다. 인류가 건강하게 오래 살 생각을 포기하지 않는 한, 의사는 계속 필요하다. 다만 그 의사가 지금 우리가 아는 병원에 있는 의사만을 얘기하는 게 아니다. 이렇게 얘기하면 '역시 의대 보내야겠다'라고 생각하는 이들이 많을 것이다. 분명한 건, 의사가 되기만 하면 부와 명예를 누리던 시대는 끝난 지 좀 되었다는 사실이다. 의사가 되어도 치열한 경쟁에서 살아남아야 부와 명예를 누린다. 그 어렵고 좁은 문을 통과해서 거둘 성과가 기성세대 시절보단 분명 줄어들고 있다. 물론 일반 직장인보다야 여전히 유리한 입장이지만, 그만큼 되기도 어렵지 않은가.

　그럼 공대는? 법대는? 계속 질문하고 싶을 것이다. 명확하게 얘기해주겠다. 세상에 사양산업은 없다. 사양기업이 있을 뿐이다. 직업도 전공도 마찬가지다. 오래된 과거의 직업이라고 가치가 다 떨어지는 게 아니다. 미래에도 건재할 수 있고, 그 속에서 상위 1%의 입지는 더 탄탄해질 수 있다. 유망산업이라고 종사하는 모든 이들이 유망해지는 게 아니다. 그러니 결론적으로, 하고 싶은 것, 재미있어서 몰입할 수 있는 것을 선택하는 게 필요하다. 뭐든 최고가 되려면 재미있게 몰입해야 된다. 그래야 남들보다 탁월해진다. 그리고 어떤 전공이든 한번 선택했다고 끝까지 계속 가야 하는 거 아니니, 선택한 후에라도 아니다 싶으면 바꾸고, 또 바꿔 가며 계속 공부하면 된다. 그게 미래의 직업 교육 전략이기도 하고, 전공을 선택할 때도 그런 관점이 필요하다.

2030년에 경제활동을 시작하는 사람은 평생 8~10개 직업을 바꿔 가며 일하게 될 것이다.

미래학자 토머스 프레이가 한 예측이다. 평생 8~10개 직장이 아니라 직업이다. 같은 직업으로 직장을 여러 번 옮기는 정도가 아니라, 직업 자체로 8~10개를 평생 가지려면 거의 2~5년에 한 개꼴로 직업을 바꾼다는 얘기다. 이런 시대를 살아갈 이들에게 **첫 번째 전공은 그냥 첫 번째 선택일 뿐이다. 프로페셔널 스튜던트가 되어야만 살아갈 수 있다.**

4년제 대학 대신
마이크로 칼리지

마이크로 칼리지Micro College는 몇 주에서 몇 달간 단기간의 학습 과정으로 운영하는 대학이다. 당연히 학위는 없다. 학위가 아닌 실무 기술을 빨리 가르치는 것이 목적인 대학이다. 대학의 미래가 될 수도 있다. 4년제가 아니라 왜 마이크로 칼리지가 필요할까? 바로 지식정보의 반감기半減期, Half-life 때문이다. 반감기는 방사선 물질의 양이 처음의 반으로 줄어드는데 걸리는 시간을 의미하는 핵물리학 용어인데, 지질학, 고고학, 경제학, 사회학 등 여러 분야에서 쓰인다.

지식의 반감기라는 표현도 널리 쓰이는데, 기존의 지식

이 쓸모없어지는 시간이 점점 짧아진다는 의미다. 빠르게 변화하는 산업과 사회에서 지식의 반감기가 짧아지면서 대학이 4년간 학부를 가르친다는 것 자체가 쓸모없어진다. 아무리 유망한 새로운 전공이라도 4년간 학부에서 공부하는 동안, 배웠던 것들이 낡은 지식이 되어버릴 수도 있다. 그만큼 변화와 진화가 빠르다 보니 대학 학부과정이 4년에서 훨씬 짧아지며 생존하거나, 아니면 대학 자체가 사회와 산업에 필요한 인재 양성 역할을 포기해야 한다.

미래학자 토머스 프레이는 마이크로 칼리지가 미래 교육의 대세가 될 거라 주장하는 대표적인 사람인데, 자신이 소장으로 있는 다빈치연구소에서 마이크로 칼리지를 운영한다. 새로운 기술을 배워 세컨드잡을 가지려는 이들을 위한 단기 직업 교육인데, 드론, 3D프린팅, 인공지능, 블록체인 등 신기술이자 새로운 직업이 되는 분야에 현업의 실무자와 전문가를 교수로 초빙해 4~11주의 오프라인 교육을 진행한다. 실무 중심의 맞춤형 교육으로 빨리 배우고 바로 현장에 투입될 수 있는 게 마이크로 칼리지의 장점이다.

4년제나 2년제 대학에선 새로운 분야가 뜨고 새로운 일자리 수요가 나와도 그에 대응하려면 학과 개설하고 교수진 확보하고 2~4년을 가르친 후 내보내야 하는데, 그러면 너무 늦다. 마이크로 칼리지는 수요가 생기면 바로 공부시켜 바로 투입하기에 즉각적 대응이 가능하다. 결국 산업적 수요를 바로 해결해주기엔 이 방식이 효과적이다. 한번 배웠다고 끝이 아니라, 새로운 기술이 나오고 새로운 역할이 필요할 때마다 계속 배워서 스킬을 높이면 된다. 이게 바로 프로페셔널 스튜던트이자, 진정한 의미의 평생 교육이다.

산업과 일자리가 바뀌면, 당연히 교육도 바뀌어야 하고, 그에 따라 대학의 운영 방식도 바뀌어야 한다. 그리고 교육을 바라보는 개인의 태도도 바뀌어야 한다. 산업 구조의 변화로 정규직이 점점 사라지고, 긱 고용과 프리랜서가 늘어나 장기 계약이 아니라 몇 달이나 몇 주, 심지어 몇 시간 단위의 단기 고용으로 일하는 것도 늘어날 수밖에 없다. 이런 변화를 외면하고, 과거의 방식으로만 일자리를 바라봐선 안 된다. 일의 개념, 교육의 개념에 근본적 변화가 생기는 게 우리가 맞을 미래다.

미래학자 레이 커즈와일이 설립한 싱귤래리티 대학Singularity University도 마이크로 칼리지다. 2008년 구글과 NASA 등이 후원해서 만들었고, 미래학, 인공지능, 로봇, 유전공학, 나노기술, 에너지, 우주공학 등 전문가들이 교수진으로 참여한다. NASA AMES 연구단지 안에 학교가 있고,

매년 6~8월 10주간 운영되며, 전 세계에서 지원한다. 이 학교를 만든 목적은 "인류가 당면한 거대한 도전과 과제들을 해결하기 위해 폭발적 성장이 기대되는 미래 기술들을 적용해 문제를 풀 수 있도록 리더들을 교육하고, 영감을 주고, 힘을 실어주기 위해서"라고 밝혔다. 우주공학에서부터 환경, 기후변화, 에너지, 빈곤 등 인류의 문제를 제한 없이 다루는데, 사실 문제 해결이 곧 프로젝트가 되고, 이것이 곧 비즈니스이며, 미래를 더 구체적으로 내다보도록 도와준다.

학생도 자신의 전문 분야가 있으면 세미나를 열 수 있고 강의를 한다. 자유로운 수업과 함께, 토론, 실제 관련 회사와 연구소를 방문하고 교류한다. 교수가 학생을 가르치는 일방적 교육이 아니라, 함께 문제를 풀어가는 방식이다. 학생들도 각 분야 커리어를 가진 이들이다.

싱귤래리티 대학 같은 마이크로 칼리지는 한국에도 얼마든지 만들어질 수 있다. 판교에도 하나 만들고, 광화문에도 하나 만들고, 대전에도 하나 만들어도 된다. **중요한 건 기술은 계속 진화하고, 미래는 점점 다가온다는 사실이다. 여기에 대응하는 건 모두의 숙제이고, 남이 이미 찾아놓은 답을 배우는 학습이 아니라 아직 아무도 발견하지 않은 것을 직접 찾으면서 배우는 교육이 미래엔 더 필요해진다.** 수직적으로 가르치고 배우는 사제관계를 벗어나 수평적이고 상호보완적인 교육이다. 이것이야말로 프로페셔널 스튜던트가 가져야 할 태도다. 프로페셔널 스튜던트는 공부를 누가 시켜서 하는 것도, 일방적으로 흡수만 하는 것도 아니다. **학생은 학생이지만 공부의 주도권을 가진 것이 바로 프로페셔널 스튜던트다.**

프로페셔널
스튜던트에게

직업, 직장이란?

Part 3

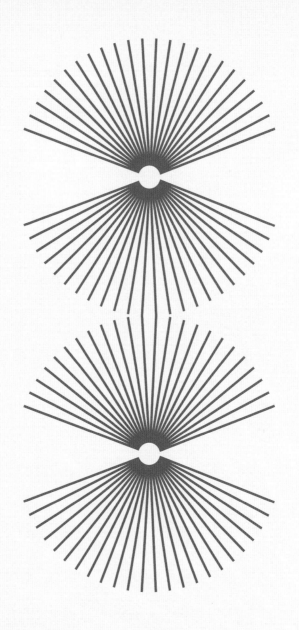

당신은 지금
어떻게 일하는가?

"최근 1년간 노동청에서 발송한 모든 등기우편의 발송 내역을 조회한 다음 종이에 인쇄해 보관합시다." 2018년, 대구지방고용노동청 안동지청에서 근무하는 어느 공익근무요원에게 직장 상사가 내린 지시다. 우체국 홈페이지에서 등기우편의 13자리 등기번호를 입력해 그 내역을 확인해서 일일이 인쇄하는 단순 반복 작업을 지시한 것인데, 1년간 발송한 등기우편은 3,900개가 넘었다. 이걸 처리하는 데 얼마나 걸릴까? 단순 반복 작업으로 했다면 몇 달은 걸릴 일이다. 그런데 지시를 받은 공익근무요원은 하루도 안 되어 그 일을 끝냈다. 그는 파이썬Python으로 크롤러Crawler를 만들었다. 오전에 크롤러에게 일을 시키고, 점심 먹고 오는 동안 사람 대신 크롤러가 단순 반복 작업을 끝내놓은 것이다.

파이썬은 프로그래밍 언어로 초보자부터 전문가에 이르기까지 사용층이 아주 넓다. 글로벌 IT 기업의 업무에도 적용되고 웹 개발뿐 아니라, 데이터 분석, 머신러닝 등에서 널리 쓰인다. 문법이 간결하고 표현 구조가 인간의 사고체계와 닮아서 비전공자들도 쉽게 배울 수 있는 프로그래밍 언어로 알려져 있다. 크롤러는 웹상의 다양한 정보를 자동으로 검색하고 색인 작업을 하기 위해 검색 엔진에서 사용하는 소프트웨어다. 크롤러로 사람이 단순 반복해서 정보를 찾는 대신, 프로그래밍이 정보를 검색하고 색인을 추가하는 작업을 반복 수행하도록 할 수 있다.

공익근무요원은 우체국 홈페이지에서 대구지방고용노동청 안동지청의 최근 1년간 발송 등기우편 조건을 충족하는 문서를 검색하는 크롤러를 만드는 과정에서 기술적 장벽에 부딪힐 때마다 구글링으로 물어보고 문제를 해결했다고 한다. 한 번도 해보지 않은 작업이지만 구글 검색으로 다른 사람들의 노하우를 공유받아서 해결한 셈이다. 오픈소스의 프로그래밍이고, 구글링의 도움을 받긴 했어도 혼자서 처리했으니 따로 예산이 들어가지도 않았다.

그는 이 과정을 자신의 브런치 계정에 〈크롤러를 이용해 우체국 등기우편을 자동으로 정리해보자〉라는 글로 남겼는데, 이 글이 화제가 되며 그가 한 일이 널리 알려졌다. 온라인에서 개발자들 사이에 이슈가 된 것은 물론이고, 공무원 세계에서도 이슈가 되었다. 나중에는 청와대에까지 초청받는 화제의 주인공이 되었는데, 이는 우리 사회가 요구하는 공무원의 일하는 방식 변화와도 맞물렸다. 그는 복무 중 다수의 정부기관에 기술 자문을 하고, 정부가 관여하는 콘퍼런스에서 강연도 했는데, 행정안전부에서 공적을 인정받아 '정부혁신 유공포상'을 받았다.《코딩하는 공익》이란 책도 쓴 그는 KAIST 바이오및뇌공학과에서 학사, 석사를 취득한 반병현이고, 2018년 6월부터 2020년 4월까지 공익 근무를 했다.

이 사례에서 당신은 무엇을 느꼈는가? '역시 KAIST 똑똑한 애들이 다르긴 다르구나.' 이건가? 아니면 '프로그래밍을 잘해야 쓸 데가 많구나.' 이건가? 그것도 아니면 '누군 군대에 가서도 저런 성과를 내니 역시 될 놈이네.' 이건가?

사실 이 사례에서 가장 중요하게 받아들일 것은 한 번도 해본 적 없는 일이지만 구글에서 모르는 걸 검색해 다른 이들의 노하우를 흡수해가면서 처리했다는 점이다. **배운 것만 실행할 수 있는 시대가 아니라, 이제 모르는 것도 필요하다면 실시간으로 배워가며 실행하는 시대다. 이게 바로 프로페셔널 스튜던트의 핵심이다.**

그동안 KAIST 다니거나 혹은 졸업하고 공익근무요원으로 관공서에서 일한 이들이 셀 수 없이 많았을 것이다. 그들에게 단순 반복 업무를 지시하는 일도 비일비재했겠지만, 흐름에 순응하며 관성적으로 처리했던 이들이 대부분이라면, 이 사례에선 안 해본 일이지만 충분히 할 수 있을 것 같아서 시도해본 것이다.

지식의 반감기가 점점 짧아지고, 앞으로는 더 짧아질 것이기에 내가 배운 것만 가지고 살아갈 수 없다. 계속 배워가며 살아가야 하고, 새로운 것도 주저 없이 배우며 잘 흡수하는 게 특출한 능력이 아닌 모두가 가질 기본적 자질이 되어야 한다. 그것이 변화의 시대, 특이점이 다가오는 미래를 대비하기 위해 우리가 가져야 할 최고의 태도다.

그리고 앞선 사례에서 결코 간과하면 안 될 심각한 일은 '여전히 단순 반복으로 일 시키는 사람이 많다'는 사실이다. 업무 지시 내용은 2018년이 아니라 1998년에 시켰을 법한 방식이다. 20년 전에 시켰어도 단순 반복 업무의 허망함을

뒷담화했을 것이다. 이는 상사인 공무원들이 코딩이나 프로그래밍을 전혀 이해하지 못해서 그럴 것이다. 바꿔 말하면 공무원 업무와 코딩이 상관없다고 여겨서다.

컴퓨터 없이는 아무 일도 못 하는 세상이고, 꽤 오래전부터 그랬다. 그런데도 여전히 일하는 방식에 변화를 주기 위해 코딩과 프로그래밍을 활용하는 데는 소극적이다. 소극적인 걸 떠나 무지하다. 컴퓨터를 사용해 일을 하기는 하지만, 컴퓨터와 디지털 프로세스를 이해하지 못한다. 이해하지 못해도 일하는 데 지장이 없다고 여겨서이고, 그런 환경 자체가 업무 효율화에 무심하거나 소극적이란 방증이다. **우린 익숙한 답이 아니라, 더 나은 답을 자꾸 선택할 수 있어야 한다. 그것이 진화이고 성장이다.**

공무원뿐 아니라, 공기업, 심지어 민간기업에서도 여전히 단순 반복 업무는 존재한다. 오랫동안 일한 직장인들은 오히려 이런 관성에 익숙해서인지, 이런 업무 지시에 대해 다른 방법으로 대응할 생각을 덜 한다. 그냥 하던 대로 단순 반복으로 처리한다. 그런데 20대 초반의 공익근무요원, 엄밀히 군 복무지만 공무원 업무를 하는 그는 과거의 관성이 아니라 좀 더 효율적이고 생산성 높은 방법으로 문제를 풀었다. 단순 행정 업무를 로봇 프로세스 자동화RPA, Robotic

Process Automation로 처리한 것이다. RPA는 단순 반복 및 정형화된 업무에 적용 가능한데, 사람이 반복적으로 처리해야 하는 단순 업무를 로봇 소프트웨어로 자동화하는 기술을 일컫는다. 가령, 회사 시스템에 로그인하고, 데이터를 내려받은 뒤 특정 양식의 보고서에 입력하는 작업을 로봇이 대신하는 방식이다. RPA를 업무에 적용하는 건 이제 당연한 일이 되고 있다.

RPA (로봇 프로세스 자동화)가 당신의 일자리를 위태롭게 하는가?

LG전자는 2018년 1월부터 영업, 마케팅, 구매, 회계, 인사 등 사무직 직군에 RPA를 도입했고, 2020년 말까지 950개 업무에 RPA 기술이 적용되었다. 로봇 소프트웨어가 처리하는 업무량을 사람의 근무량으로 환산하면 월 2만 시간이 넘는다. 연간으로는 24만 시간이 넘는 셈이다. LG전자는 2018년 2월 말부터 사무직을 대상으로 주 40시간 근무제를 시행하고 있으니 연간 노동시간 1,800시간(공휴일. 휴가 제외)으로 계산하면 133명의 업무가 고스란히 대체되는 셈이다. LG전자의 평균연봉이 8,300만 원(2019년 기준)이니

RPA 업무량을 노동시간으로 계산해 비용을 매기면 인건비로 거의 110억 원이다. RPA를 업무에 사용해서 시간 절감과 생산성 증대 효과를 보는 직원은 최소 수천 명 이상에 이를 것이기에 그들의 인건비를 따져보면 훨씬 큰 금액이 된다.

LG전자가 RPA를 확대하는 취지로 밝힌 것이, 데이터 조회와 정리에 소요되는 시간을 줄여 직원들이 문제 분석과 해결 등 좀 더 가치 있는 일에 집중하도록 하겠다는 것이었다. **인력 감축 효과보다 생산성과 효율성 증대가 주요 목적이다. 그렇지만 장기적으론 인력 감축 효과도 배제할 수 없을 것이다.** RPA 적용 범위와 업무량은 계속 늘어날 것이기에 인력 감축은 앞서 언급한 수치보다 더 커질 수 있다.

LG생활건강은 2020년 2월, 알ᴿ 파트장을 정식 인사등록까지 마치고 동료로 받아들였는데 사실 사람이 아닌 로봇이다. 영업, 회계, 마케팅 등 사무직 업무에 8대의 RPA 시스템인 알 파트장을 도입해 249가지 업무를 수행하는데, 237명이 연간 3만 9,000시간을 투입해서 수행하던 일이라고 밝혔다.

LG생활건강의 평균연봉이 6,300만 원(2019년 기준)인데, 237명의 인건비만 149억 원에 이른다. 물론 RPA가 237

명의 연간 노동시간 전부를 대체하는 게 아니라, 그중 단순 반복 업무에 해당하는 시간만 대체하기에 실제 인건비 절감 효과는 149억 원보다는 적다. 물리적으로 3만 9,000시간을 연간 노동시간 1,800시간으로 계산해보면 22명 정도가 된다. 즉 14억 원 정도 절감된다. 물론 RPA의 업무 범위가 넓어질수록 인건비 절감 효과는 커지기 마련이다.

RPA의 가장 큰 목적은 업무 효율성, 생산성을 높이는 효과다. LG생활건강에선 실적 보고, 매출 및 주문 처리 등 수작업이 많은 영업 영역에 집중 활용되어 영업 사원들이 단순 반복 업무 대신 원래 역할인 영업 활동에 더 집중하도록 해준다. 이는 곧 실적 증대로 이어질 수 있는 것이다.

2020년 9월 기준으로 LG생활건강 임직원 수는 약 4,450명인데, 향후 매출이 늘어나더라도 임직원 수가 그에 비례해 늘어날 리는 없을 것이다. 오히려 매출은 늘어나도 인력이 줄어들 가능성도 있다. 2018년 4,512명이던 임직원 수는 2020년 9월 4,449명으로 63명 줄었다. 반면 2018년 매출 6조 7,475억 원, 영업이익 1조 393억 원이었는데, 2019년은 매출 7조 6,854억 원, 영업이익 1조 1,764억 원, 2020년은 매출 7조 7,736억 원(예상치), 영업이익 1조 2,372억 원(예상치)이다. 2020년은 코로나19 팬데믹의 영향을 받았지만 매출과 영업이익 모두 늘었다.

분명한 건 실적이 늘어난다고 인력이 비례해서 늘어날 필요는 없다는 점이다. RPA 활용 확대로 오히려 인력이 줄어도 문제가 발생하지 않는다. 만약 인력을 10% 감축해도 업무 생산성이 동일하다면, 10%인 440명의 인건비 절감 효과만 277억 원이다. 앞서 LG전자 국내 직원 수가 4만 명이니 10%만 감축해도 3,320억 원이 절감된다.

삼성전자는 이미 2019년에 1,000여 개 업무에 RPA를 활용했고, 계속 확대 중이다. 삼성전자는 국내 직원 수만 10만 명이고 그중 10%가 감축되면 인건비(평균 연봉이 1억 원 이상)만 1조 원 규모다. 물론 이런 식의 감축은 가정일 뿐이다. 오해 없길 바란다. 하지만 미래에 이런 상황이 발생하지 않으리란 보장도 없다. 분명한 건 인간의 노동을 기계, 로봇, 자동화가 계속 대체해나간다는 점이고, 대체 속도가 팬데믹을 계기로 더 빨라졌다는 사실이다.

RPA에 가장 적극적인 산업은 금융이다. 바꿔 말하면 인력 감축 효과가 가장 커질 산업이 금융이란 얘기다. 특히 은행은 팬데믹을 계기로 디지털 전환 속도를 더 내고 있다. 금융감독원 금융통계정보시스템에 따르면, 국내 은행 점포 수는 2015년 7,281개에서 2020년 6월 말 기준 6,592개로

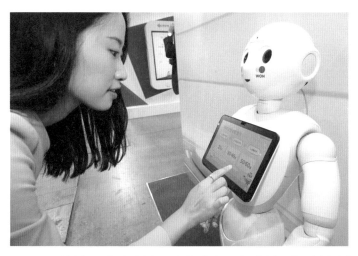

AI(인공지능) 로봇에게 금융상품을 상담받는 모습. "은행 업무는 필요하지만 은행은 사라질 것이다"라고 한 빌 게이츠의 예측은 이미 현실이 되고 있다. (출처 : 연합뉴스)

감소했다. 영업점이 줄었다는 것은 그만큼 인력도 줄었다는 의미다. 영업점 수는 향후 더 크게 줄어들 것이다. 이미 우리가 비대면, 디지털 환경에서 은행 서비스를 이용하는 데다 팬데믹을 기점으로 더더욱 은행에 가는 일도, 현금 쓸 일도 줄었다.

6개 시중은행(KB국민, 신한, 우리, 하나, SC제일, 한국씨티) 직원 수가 2016년 7만 4,106명에서 2019년 6만 7,781명으로 3년간 1만 명가량 줄었다. 2020년 은행계의 구조조정 바람이 거세게 불었고, 2021년에도 이어질 것이다. 2020년 하반기에 이미 명예퇴직 대상으로 하나은행과 NH농협은 행에서 1980년생까지 포함시켰다. 기성세대들에게 안정적 직장으로 손꼽히던 은행이 이제 40세도 명예퇴직 대상으로 삼을 정도가 되었고, 오프라인 기반으로 운영되던 은행들이 디지털 기반으로 완전히 전환되기까지 인력 감축은 앞으로도 계속 이어질 것이다. 이미 글로벌 대기업의 90% 정도가 RPA를 활용하고 있다고 해도 과언이 아니다.

영국 노동연금부도 연금 청구나 처리 업무에 RPA를 도입해 업무 처리 속도와 효율성을 높였고, 미국 NASA도 단순 반복 업무에 RPA를 도입해 효과를 보고 있다. 한국의 국민연금공단, 공무원연금공단 등에서는 계약비용 처리 일일 결제, 잔액, 매매·수수료 내역 보고, 회의자료·금리모델 작성 자동화 등 주요 업무에 RPA를 도입하고 있다.

한국수자원공사, 한국전력공사 등에서는 재생에너지 정산 업무(검침결과 등록, 세금계산서·결제 요청), 요금할인 대상 지정 등에 RPA를 도입하고 있다. 국내외 막론하고 공공부문에서도 이미 RPA가 적극 활용되고 있는 것이다. 이는이미 대세가 되었다. 점점 더 확대될 것이고, 공무원들조차도 RPA 활용이 필수가 된다. 거스를 수 없는 변화인 건, 그만큼 생산성, 효율성이 높아지기 때문이다.

사무직 일자리 대체는 이미 시작된 미래다. 생산직 일자리가 제조 로봇과 스마트 팩토리 등을 통해 현실이 된 지 오래되었고, 서비스직에서도 서비스 로봇이 팬데믹을 계기로 더 확산되면서 서비스직 일자리 대체도 본격화되었다.

전문직 일자리도 이미 수년 전부터 의사, 약사, 변호사, 교수, 회계사 등 기술적으로는 대체 혹은 보조역할 활용 시뮬레이션이 활발히 시도되었다. 전문직은 사회적으로 영향력이 있고, 로비할 힘과 돈도 있기에 로봇과 자동화에 의한 대체에서 생산직, 서비스직, 사무직에 비해 좀 더 버틸 수는 있겠으나 그래 봤자 한계가 있다. 영원히 변화를 막을 수는 없기 때문이다.

전문직, 생산직, 사무직, 서비스직, 어느 직종이든 자기만의 특화된 역할이자 대체 불가능성이 있는 사람이 아니고선 미래가 계속 보장되는 직업은 없다고 해도 과언이 아니다. 슬프지만 우리가 맞이할 미래다.

"은행 업무는 필요하지만 은행은 사라질 것이다." 빌 게이츠가 1994년에 한 예측이다. 그의 예측은 이미 현실이 되어가고, 결국 은행창구의 직원들은 사라질 수밖에 없다. 페이스북 CEO 마크 주커버그가 2020년 1월, 페이스북 2030 비전을 발표하면서 2030년까지 AR/VR 기술을 발전시켜 상용화할 것이며, AR/VR을 통해 직원들이 전 세계 어디서나 원격으로 일할 수 있고, 이로 인해 대도시의 인구 증가와 주택 위기가 완화될 것이라고 했다.

이 또한 일하는 방식과 함께 일자리 변화에 영향을 준다. **기술 변화는 산업 변화를 부르고, 이는 곧 일자리 변화를 만든다.** RPA 따위에 일자리가 흔들린다면, 솔직히 무능한 것이다. 일자리를 잃는 게 안타깝지만, 바뀐 변화에 대응하지 않고 푸념만 해봤자 달라질 건 없다. RPA가 걷어낸 단순 반복 업무 대신 진짜 일을 잘하는 사람이 살아남는 시대, 직장인의 경쟁력은 과거와 달라질 수밖에 없다.

자동화와 원격 아웃소싱, 이미 시작된 미래다

2016년, 미국의 인터넷 커뮤니티 레딧Reddit에서 아이디 'FiletOfFish1066'를 쓰는 사용자의 글이 이슈가 된 적이 있다. 7년 전 취직한 회사에서, 출근은 해도 일은 전혀 하지 않고 놀기만 하다가 결국 그런 행태가 6년 만에 들통나서 해고되었다는 얘기다. 6년간 아무도 몰랐다는 것도 놀라운 일이고, 뻔뻔하게도 무용담 삼아 이 얘길 떠벌린 그도 대단하다. 결국 스스로 커뮤니티에 올린 글과 계정을 삭제하긴 했지만 말이다.

특히 그는 자기가 일했던 회사를 '믿을 수 없을 정도

로 잘 알려진' 베이 지역의 테크 기업'incredibly well known' Tech Company in the Bay Area이라고 표현했는데, 샌프란시스코와 실리콘밸리를 아우르는 지역인 베이Bay Area에는 구글, 애플, 페이스북, 트위터, 야후 등 유명한 IT 기업들이 많이 있다. 적어도 이런 기업 중 하나일 가능성이 큰데, 그의 업무는 다른 개발자들이 만든 프로그램을 테스트하는 일이었다. 이일을 자동화하는 프로그램을 만들어 컴퓨터에게 일을 맡긴 채 자신은 입사 8개월 후부터는 아무런 일을 하지 않았다는 것이다. 사무실에서 온라인 게임하고 놀았지만, 직장 내 친구가 없는 그에게 말을 거는 이도 없고, 자신이 놀고 있다는 사실을 눈치챌 사람도 없었다는 것이다.

이렇게 놀다 보니 프로그래머인 자신이 프로그래밍하는 법을 잊어먹었다는 글까지 뻔뻔스럽게 썼는데, 그가 재직 기간 동안 받은 평균 연봉이 9만 5,000달러였다. 우리 돈으로 1억 1,000만 원 정도를 재직기간 7년간 받았으니 8억 원 정도를 거저 먹은 셈이다. 한심하게도 그는 이렇게 놀면서 월급받는 동안 그 시간을 이용해 뭔가 다른 생산적인 일을 한 게 아니라 레딧에 접속해 수다를 떨거나 온라인 게임을 하며 놀기만 했다는 사실이다. 아마 이 사람은 괘씸죄가 적용되어 다른 곳에도 취직하긴 쉽지 않을 것이다.

사실 이 얘기의 핵심은 한심하고 괘씸한 어느 직장인이 아니다. 물론 그 자동화 프로그램의 완성도이자 업무성과의 문제지만 사람이 하는 업무를 자동화 프로그램이 대체 가능하다면, 결국 기업으로선 인건비를 그만큼 줄일 수 있다는 얘기다.

2013년, 미국의 한 IT 회사에서 중국에 있는 개발자에게 자신이 해야 할 업무를 원격으로 아웃소싱해놓고 자신은 사무실에서 하는 일 없이 놀기만 했던 개발자 사례도 있다. 연봉 10만 달러 수준인 40대 중반의 개발자가 중국 선양의 한 개발업체에 자신이 회사에서 맡은 업무를 용역으로 줬는데 비용은 자기 연봉의 1/5 수준이었다고 한다. 그런데 이 개발자는 다른 회사에서도 일을 받아서 똑같은 방식으로 일을 했다. 즉 여러 회사에서 일을 받아 그걸 각각 중국 용역업체에 아웃소싱을 시킨 것이다. 연봉 10만 달러 외에 여러 회사의 일을 수주해서 했으니 연간 수십만 달러를 벌어들인 셈이다.

회사 밖에서도 회사 네트워크에 접속할 수 있는 시스템인 VPN을 이용함으로써 가능했는데, 덕분에 중국 선양의 개발자가 미국의 개발자를 대신해 매일같이 회사 네트워크에 접속해 업무를 처리했다. 현대판 우렁각시가 따로 없다.

이 개발자도 이렇게 놀고 먹으면서 레딧에 접속해 수다를 떨거나 온라인 쇼핑을 하거나 게임하고 놀았다. 여기서도 핵심은 괘씸한 직장인 얘기가 아니라, 원격 아웃소싱을 통해 미국 회사와 중국 개발자가 실시간으로 업무를 처리할 수 있다는 점이다. 결국 아웃소싱을 통해 기업으로선 인건비를 그만큼 줄일 수 있다는 얘기다.

이 두 가지 사례는 직장인에게 그리 호의적인 얘기는 아닐 수 있다. 극히 일부의 못된 직장인 얘기가 아니라, 변화된 업무 환경과 디지털 환경을 교묘하게 악용한 이들은 일시적 과도기의 현상이기 때문이다. 자동화 프로그램이자 로봇에 대체될 수 있다는 것과 전 세계 어디서든 네트워크로 더 싼값에 원격 아웃소싱을 하는 시대가 되었다는 건 일자리의 안정성을 해치는 요소가 될 것이기 때문이다. 사실 앞서 두 가지 사례 모두 지금보다 수년 전에 일어난 일이다. 즉, 이미 자동화와 원격 아웃소싱이 회사에서 업무를 꽤 많이 차지하고 있다. 우린 자동화보다 경쟁 우위가 있어야 하고, 외국에 원격 아웃소싱할 수 있는 인력보다도 경쟁 우위가 있어야만 일자리를 차지하고 유지할 수 있는 셈이다.

지금 직장인이라면 스스로에게 냉정히 질문해보라. 과연 당신의 직업은 로봇으로 대체될 확률이 얼마나 되는가? 만약 당신의 직업이 독창적인 해결책이 필요하지 않고 매뉴얼에 의존하듯 단순 반복되는 일이거나, 다른 사람과 도움을 주고받는 관계 없이 혼자 처리할 수 있거나, 좁은 공간에서 일해도 무방하며, 협상력이 요구되지도 않는 일이라면 미래에 대해 조금은 불안해해야 한다. 알고리즘으로 풀어내거나 프로그램으로 만들어낼 수 있는 일이라면 미래에 일자리가 사라지는 것을 감수해야만 한다.

절차는 문제를 해결하기 위한 일련의 정해진 지침 체계를 말하는데, 이걸 프로그래밍 언어로 만들어내면 알고리즘Algorithm이 된다. 이렇게 알고리즘화된, 즉 프로그램으로 절차를 이해하고 처리할 수 있는 일을 사람 대신 컴퓨터로 대체 가능하다. 기업의 업무 중 절차에 따른 것이 꽤 많다는 점은 기존 노동자들과 미래에 취업할 예비노동자 입장에선 인공지능에 의한 일자리 대체에 민감할 수 있다는 얘기다.

로봇이 내 직업을 대체할 확률이 어느 정도 되는지 알려주는 테스트가 있다. 옥스퍼드대학교의 '옥스퍼드 마틴스쿨Oxford Martin School' 연구팀이 개발한 이 테스트는 다음과 같은 네 가지 기준에 따라 자동화가 가능한지 여부를 판단하도록 설계되었다.

첫째, 독창적인 해결책이 필요한 업무인가?

둘째, 다른 사람을 돕는 업무인가?

셋째, 좁은 공간에 배치될 가능성이 있는 일인가?

넷째, 협상이 필요한 업무인가?

독창적 해결책이 필요하고, 다른 사람을 돕고(즉 다른 사람과 협업하고), 협상이 필요한 업무(이것도 다른 사람과 협업이 필요하고, 판단과 커뮤니케이션도 필요한) 등에 해당되는 정도가 크면 클수록 자동화가 대체하기 어렵다. 좁은 공간에 배치된다는 건 제한된 동선 안에서 일을 하는 것이니 로봇으로 대체하기도 수월하다. Part 2에서 언급한 미래사회 핵심 역량 4C를 다시 떠올려보자. 창의력Creativity, 의사소통 Communication, 비판적 사고Critical Thinking, 협업Collaboration, 이 4가지가 공교롭게도 로봇의 직업 대체 가능성 테스트의 기준 중 3가지에 해당된다. **미래 교육의 방향이 결국 로봇에 대체되지 않는 인간을 키우는 셈이다.**

옥스퍼드 마틴스쿨의 칼 베네딕트 프레이Carl Benedikt Frey 교수와 마이클 오스본Michael A. Osborne 교수가 공동 연구한 〈고용의 미래 : 우리의 직업은 컴퓨터화化에 얼마나 민감한가〉 (2013)에 따르면, 20년 내에 현재 직업의 47%가 사라질 가능성이 크다고 한다. 이 연구에선 702개의 직업을 대상으로 컴퓨터화와 기계화에 의해 사람의 일자리가 컴퓨터이자 로봇 같은 기계로 대체될 가능성을 예측해봤다. 다음은 20년 내 로봇이 대체할 가능성이 가장 큰 고위험군 직업 20개 리스트다.

	20년 내 로봇이 대체할 가능성이 가장 큰 고위험군 직업 20	로봇에 의한 직업 대체율
1	텔레마케터 Telemarketers	99%
2	세무대리인 Tax Preparers	98.7%
3	시간조절기 조립공 및 조정자 Timing-device Assemblers and Adjusters	98.5%
4	대출 업무직 Loan Officers	98.4%
5	은행원 Tellers	98.3%
6	스포츠 심판 Umpires and Referees	98.3%
7	납품 조달 담당직원 Procurement Clerks	98%
8	제품 포장 운반용 기계장치 운전자 Packaging and Filling-machine Operators and Tenders	98%
9	밀링 머신 및 플래닝 머신 운영관리자 Milling and Planing Machine Setters, Operators, and Tenders	97.9%
10	신용 분석가 Credit Analysts	97.9%
11	운전기사 Drivers	97.8%
12	패션모델 Fashion Models	97.6%
13	법률회사 비서 Legal Secretaries	97.6%

14	회계 장부 담당자 Bookkeepers	97.6%
15	계산원 Cashiers	97.1%
16	원자재 연마 가공사 Grinding and Polishing Workers	97%
17	레스토랑 요리사 Restaurant Cooks	96.3%
18	보석 가공 연마사 Jewelers and Precious Stone and Metal Workers	95.5%
19	우편 업무 종사자 Postal Service Workers	95.4%
20	전기전자제품 조립공 Electrical and Electronic Equipment Assemblers	95.1%

(출처 : 옥스퍼드 마틴스쿨)

대체율이 높은 직업의 공통점은 정형화되고 반복적인 업무라는 점이다. 창의적이거나 판단력이 필요한 역할, 사람과 직접 소통하면서 문제를 풀어가야 하는 역할에선 상대적으로 대체율이 낮다. 그렇다고 안심해서는 안 된다. 위기의 직업이라고 완전히 사라지는 것이 아니라 종사자가 크게 감소하듯, 살아남는 직업이어도 종사자 수는 유지되지 않을 수 있다. 로봇의 직업 대체는 이미 현실의 문제이자 우리 모두의 문제가 되었음을 잊어선 안 된다.

19세기 1차 산업혁명 당시 '러다이트 운동Luddite Movement'이 있었다. 새로운 기술이 일자리를 사라지게 만드는 것에 대한 공포로 생산시설을 파괴하거나 태업하는 것으로 사람이 저항했다. 지금 와서 보면 어이없어 보이는 저항이지만, 당시로선 최선이라 여긴 이들도 많았다. 하지만 산업혁명으로 대량생산과 그에 따른 소비 비용 절감, 대량고용이 이루어졌고, 이는 다시 노동자들의 삶의 수준 향상과 노동자 자녀들의 교육 수준 향상으로 이어지는 선순환 구조를 낳았다.

4차 산업혁명에서도 새로운 기술이 일자리를 사라지게 할까 봐 노동자들은 두렵다. 그렇다고 지금 다시 러다이트를 할 수는 없다. 아니 할 수도 없다. 이미 우린 기술 중심의 사회에서 살아왔고, 우리 일상마저도 기술 중심으로 바뀐 지 오래되었다. 저항할 방법이 없다는 얘기다. 원하든 원치 않든 거부할 수 없는 미래이고, 진화에 따른 성과를 소수의 자본가와 소수의 기술 엘리트들이 독점적으로 누릴 가능성도 크다. 정치에서 양극화 해소와 복지 확대를 꾀하겠지만, 양극화는 더 커질 가능성이 높다.

개인으로선 스스로가 경쟁력을 갖춰 살아남는 소수가 되는 것이 최우선 과제다. 그렇게 되지 않았을 때 플랜 B가 필요하겠지만, 우리의 1순위 목표는 명확하다. 내 일자리를 오래 지킬 수 있도록 경쟁력을 키워야 하고, 내 자녀도 미래에 일자리를 확보할 수 있는 기술 엘리트로 키워야 한다. 정년보장이라는 말조차도 사라지는 시대다. 공무원마저도 정년보장 시대는 곧 끝난다. 결국 실력 있는 사람만 살아남는 시대를 우린 맞이한다.

우리는
스포츠 팀이지
가족이 아니다

"우리는 스포츠 팀이지 가족이 아니다." 이것은 넷플릭스의 조직문화를 단적으로 보여주는 말이다. 회사는 일하러 모이는 곳이다. **나이가 몇 살인지, 얼마나 오래 일했는지보다, 지금 시점에서 누가 가장 실력 있느냐가 중요한 게 회사다.** 프로야구팀에서 나이나 연차 순으로 에이스가 되지 않는 것과 같다. 루키여도 실력이 탁월하면 에이스가 된다. 한국의 조직문화는 나이 서열화, 즉 장유유서에 충실하다 보니 더더욱 가족 타령을 해왔다. 끈끈함으로 서로 챙겨주고 밀어주고 당겨주던 시절도 있었다. 물론 그때는 종신고용 시대였다.

지금 직장은 느슨한 연대가 오히려 더 필요하다. 정에 끌리지 말고 가장 냉정하고 공정하게 평가해야 한다.

실리콘밸리의 IT 기업들은 세계적 기업이면서 연봉과 복지혜택도 좋다. 꿈의 직장이라 불리는 곳들인데 직원들이 오래 다니진 않는다. 페이스북은 평균 근속연수 2.5년, 테슬라는 2.1년, 넷플릭스는 3.1년, 애어비앤비는 2.6년, 우버는 1.8년, 구글의 지주회사 알파벳은 3.2년, 애플은 그나마 좀 긴데 5년이다. 사실 이들 기업의 복지혜택은 어마어마한 것이 많다. 가령 넷플릭스는 무제한 휴가, 구글은 24시간 무료식사, 페이스북은 의류 세탁과 드라이클리닝 서비스도 해준다. 연봉과 스톡옵션 등 금전적 혜택도 크다. 그럼에도 오래 근무하지 못한다. 실리콘밸리 기업들은 성과에 대한 평가가 냉정하고, 실적 압박과 책임, 노동강도가 높다. 이들 기업도 직원들과 끈끈함을 강조하기보다는 서로의 필요에 의한 관계를 원한다. 느슨한 연대지만, 가장 합리적 관계다.

요즘 한국 기업에서 업무방식으로 애자일* 프로세스를 반영하는 기업들이 많아졌다. 수평화를 강화하는 기업도

---

* 시장의 급격한 변화에 민첩하고 유연하게 대응하기 위해 조직을 탄력적으로 운영하는 경영 방식을 말한다.

많다. 이런 변화도 가족 같은 관계가 아니라, 남남이지만 확실하고 냉정한 관계를 지향한다. 직장은 친목단체가 아니라 기업의 성장이라는 공동의 목표로 모였다. 더 이상 과거식 끈끈함을 운운하기엔 산업 환경도 너무 바뀌었다. 한번 입사했다고 퇴사할 때까지 책임져주는 기업은 없다. 직장은 같은 목적을 가진 이들의 연대에 불과하다. 영속적 연대가 아닌 일시적 연대다. 노동조합을 바라보는 직장인의 시각도 달라질 수밖에 없다. 밀레니얼 세대 직장인들에게 노동조합은 결코 기성세대가 바라보는 노동조합과 같을 수 없다. 노조의 위상이 약화되는 것도 이런 변화와 무관치 않다.

국내에서 조직문화의 수평화를 시도한 건 20년 정도 되었다. 오래 걸렸지만 아직도 수평화의 갈 길은 멀다. 그만큼 우리가 수직적 위계구조, 나이와 서열 중심 문화에서 오래 살아오고 일해왔기 때문에 쉽게 바뀌지 않는 것이다. 하지만 주요 대기업들이 수평화, 애자일을 중요하게 지향해왔고, 팬데믹 기간 중 원격근무 확대를 통해 급진전되고 있다는 점은 주목해야 한다. 관성의 벽이 본격적으로 무너지고 있는 것이다.

그동안 IT 기업을 필두로 미디어, 패션, 뷰티, 식품, 유통기업 등에서 직급 파괴와 수평화가 확산되었다면, 이젠 수

직적이고 보수적 조직문화를 유지해오던 조선, 철강, 정유 등 소위 중후장대 업계마저도 수평화를 받아들이기 시작했다. 현대중공업은 2020년 12월부터 부장, 차장, 과장 직위를 책임 엔지니어로 통합했다. 이는 대우조선해양도 마찬가지다. 심지어 정유회사인 SK이노베이션은 2021년을 시작으로 사원부터 부장까지 모든 직함을 PM Professional Manager 으로 통일했다. 입사 1년차나 20년차나 임원이 되기 전까진 모두가 같은 직급인 것이다. 이는 철저히 수평화하겠다는 의미다.

호봉이나 직급이 아니라 역할과 능력을 중시하는 문화에 기업들이 관심을 갖는 이유는 단 하나다. 성과 중심, 능력 중심으로 조직을 운영하는 것이 기업 경쟁력에 득이 되기 때문이다. 물론 호칭 바꾸기나 직급 없애기만으로는 안된다. 상대 평가 대신 절대 평가가 확대되고, 성과에 대한 투명하고 객관적 평가가 자리잡아야 한다. 분명한 것은, 앞으로 한국 기업에서 '가족 같은 회사'를 자랑삼아 얘기하는 일은 없을 것이다. 회사다운 회사가 워라밸 시대에도 맞고, 급변하는 비즈니스 환경에서도 맞다.

프로스포츠 선수 같은 직장인이 되는 걸 받아들여야 한다. 능력이 있으면 연봉도 높아지고, 반대로 주전 선수라도 실력이 떨어지면 바로 후보 선수가 된다. 미국 프로스포츠에서 최고 연봉자 중 하나인 뉴욕 양키스의 투수 게릿 콜 Gerrit Cole은 2011년도 메이저리그MLB, Major League Baseball 신인 드래프트 전체 1위 지명자다. 야구를 잘 모르는 사람이라면, 수능 전국 수석 혹은 글로벌 대기업의 수석 합격자 정도로 이해하라. 모든 MLB 구단에서 가장 탐낸 그해의 최고 유망주이니, 메이저리그 데뷔 후에도 최고의 성적으로 역대 최고 연봉을 받는 선수가 되었다.

그렇다면 역대 신인 드래프트 전체 1위 지명자는 모두 탁월한 성적을 냈을까? 1965~2013년의 MLB 신인 드래프트 전체 1위 지명자 47명의 MLB 성적을 찾아봤다. 2014~2019년의 지명자들은 마이너리그에서 기량을 쌓고 있거나, 메이저리그에 데뷔했어도 아직 선수생활 초반이라 이들의 활동을 성공과 실패로 가늠하는 건 섣부른 일이라 제외했다.

놀랍게도 역대 드래프트 1위 중 메이저리그 데뷔도 못한 선수가 3명이나 있고, 15명은 데뷔는 했지만 평범하거나 평균 이하의 성적을 내다 금방 사라졌다. 47명 중 약 38%인 18명이 드래프트 1위 지명자라는 타이틀이 무색한 결과를 남긴 것이다. 준수하게 활동한 경우가 17%다. 즉 드래프트 1위 지명자 중 절반 이상이 기대를 채우지 못한 것이다. 올스타급으로 활약한 경우가 26%, 게릿 콜처럼 리그의 판도를 바꾼 슈퍼스타가 된 경우는 19%에 불과했다. 아무리 1위 지명자여도 실력이 발전하지 못하고 성과를 보여주지 못하면 살아남지 못한다.

프로는 능력으로 말하고, 능력은 곧 돈이다. 실력에 따라 자의로 팀을 옮기기도 하고, 타의로 옮겨지기도 한다. 모든 게 다 실력과 연결된다. 최고의 엘리트라도 미래가 자동으로 보장되지 않는 것이다. 그것이 프로스포츠다. 직장에서도 마찬가지다. 과거와 달리 서울대 학벌, 아니 하버드 학벌이라도 보장되는 미래란 없어지고 있다. 오로지 실력으로 자신의 미래를 스스로 보장해가야 한다. 지금의 아이들이 직장생활을 할 때는 더욱 그렇게 되어 있을 것이다.

투잡이든 스리잡이든
할 수 있다면 꼭 하라!

미국에선 교수나 변호사가 출퇴근 시간에 우버 기사로 일
하거나, 직장인이 퇴근 후 에어비앤비로 집의 공간을 빌려
주고 돈을 버는 경우가 많다. 분명 이들은 투잡Two Job, 스리
잡Three Job을 하는 셈이다. 그동안 정규직 직장인의 수입은
회사에서 받는 월급이 전부였지만, 긱 형태로 일할 수 있
게 되면서 추가로 수입이 늘어난다. 때론 월급보다 더 많은
돈을 긱으로 버는 이들도 있다. 긱 워커Gig Worker가 가능해
진 건, 공유경제 때문이다. 결국 공유경제가 긱 이코노미Gig
Economy를 부른 셈이다.

도어대시Doordash는 미국 최대 음식배달 앱 서비스로 2013년 창업했다. 에어비앤비Airbnb는 세계 최대의 숙박공유 서비스로 2008년 창업했다. 두 회사는 공통점이 있다. 첫째, 2020년 12월에 뉴욕증권거래소NYSE에 상장했다는 점이다. 도어대시는 IPO 공모가 102달러(공모가 기준 시가총액 390억 달러)였는데, 상장 첫날 86% 올랐고, 12월 말 기준 시가총액은 500억 달러 정도다. 에어비앤비는 IPO 공모가 68달러(공모가 기준 시가총액 500억 달러)였는데, 상장 첫날 112.8% 올랐고, 12월 말 기준 시가총액은 1,000억 달러에 육박했다. 둘 다 성공적 상장 후 순항하고 있다. 둘째, 두 회사는 긱 이코노미 대표주자다. 도어대시에서 음식배달을 하는 사람과 에어비앤비에서 집을 빌려주는 사람 모두 이들 회사에 고용된 정규직 노동자가 아니다. 엄밀히 계약관계의 프리랜서다.

긱 이코노미에서 빠질 수 없는 회사로 우버Uber가 있다. 승차공유 서비스의 대표명사격인 우버는 2010년에 창업해, 2019년 5월 뉴욕증권거래소에 상장했다. IPO 공모가 41달러로 시작해 팬데믹이 선언된 2020년 3월, 21달러까지 떨어졌지만 12월에 50달러 선을 넘어섰다. 12월 말 기준 시가총액은 1,000억 달러에 육박한다. 도어대시, 에어비앤비, 우버 모두 시가총액이 전통적인 기업들과 비교하면 엄청나게 크다. 이들의 미래가치가 반영된 것이다. 공유경제이자 긱 이코노미는 향후 더 커질 분야 중 하나다.

우리나라에서도 회사에 다니는 직장인 중에 출퇴근 시간에 배달 아르바이트를 하는 이들이 있다. 배달의민족에는 배달 아르바이트 프로그램인 배민커넥트가 있다. 만 19세 이상 성인이면 누구나 원하는 날짜, 시간을 선택해 일할 수 있다. 배달을 전업으로 하는 배민라이더와 달리, 배민커넥트는 자기 일을 하면서 가끔씩 아르바이트하는 것이다. 실제로 직장인들이 상당수라고 한다.

배민커넥트는 배달거리 500m에 기본 배달료 3,000원을 받는다. 500m에서 1.5km 사이는 3,500원, 1.5km부터는 500m마다 500원이 추가된다. 출근길, 퇴근길 혹은 점심시간에 가까운 거리의 배달을 하루 1건씩, 한 달에 20일을 하면 수입이 6~7만 원이 된다. 하루 2건씩 20일을 하면 수입이 12~14만 원이고, 건수와 일수가 늘어나면 당연히 수입도 늘어난다. 비록 큰돈은 아니지만, 직장생활하면서 소일거리 혹은 운동 삼아 용돈 버는 게 가능하다. 2019년 12월 기준 배민커넥트로 일하는 사람이 1만 명이었는데, 2020년 12월에는 5만 명이 넘었다.

출근길, 퇴근길 혹은 점심시간에 가까운 거리의 배달을 하는 배민커넥트. 주 단위나 월 단위가 아닌 시간 단위로 자신의 노동을 파는 긱Gig은 공유경제 시대의 고용 트렌드가 되고 있다. (출처 : 배민커넥트 홈페이지)

GS25는 도보 배달 서비스 '우리동네 딜리버리'를 2020년 8월에 런칭했는데, 12월 기준 배달 아르바이트를 하는 사람이 4만 5,000명이 넘었다. 걸어서 집 근처 가까운 곳에 배달하고, 고정이 아니라 파트타임으로 자신이 신청하는 시간대만 일한다. 쿠팡도 자유롭게 시간을 정해서 택배 배달하는 쿠팡플렉서에 하루 평균 1만 명 정도가 일한다. 이들을 긱 워커Gig Worker라고 할 수 있다.

긱Gig은 1920년대 미국 재즈공연장 주변에서 필요에 따라 연주자를 하룻밤이나 일회성 계약으로 단기간 섭외해 공연한 데서 유래한 말이다. 사전적으로도 '긱'이란 단어는 공연이라는 의미와 함께 임시로 하는 일이라는 의미가 담겨 있다. 연주자를 상시 고용하는 것은 현실적으로 쉽지 않다. 그래서 현장에서 일회성으로 고용하는 것인데, 새벽인력시장에서 그날그날 필요한 사람을 당일 고용하는 것과 비슷하다. 그들이 가진 재능과 업무 역할의 차이가 있을 뿐 일회성 단기 고용계약이란 점은 같다.

이제 긱은 고용에서 중요한 화두다. 공유경제 비즈니스에서의 고용은 긱 스타일인 경우가 많다. 과거엔 긱이 예술가들에게나 존재하던 특수성으로만 봤고, 실제로 이런 단기성 계약은 고용불안으로 여겼다. 하지만 공유경제가 대세가 되고, 스마트폰으로 촘촘히 연결된 사람들 사이에선 주 단위나 월 단위가 아닌 시간 단위로 자신의 노동을 파는 것이 훨씬 원활해졌고, 이걸 효율적이라고 생각하는 사람도 늘었다.

원하건 원치 않건 간에 겸업 허용은 세계적으로도 확산되는 추세다. 평생직장이 사라진 시대, 더 이상 한 직장이 그 사람의 모든 사회적 역할을 제한할 수는 없어졌다. 여기에 노령화 심화와 저출산으로 노동인구가 줄어들고, 산업구조의 변화로 일하는 방식도 변하고 있다. 아침에 출근해 저녁에 퇴근하는 9 to 6(8시간 근무)가 점점 무너지고 있다. 원격근무와 긱 고용이 확산되고 있다. 이런 시대에 겸업 허용 또한 새로운 문화로 자리잡고 있다. **겸업과 부업 허용이 대세가 되는 건, 정규직 종말의 전초 단계이기도 하다. 종신고용이**

사라지기만 하는 게 아니라 노동환경 자체를 근본적으로 바꾸고 있다. 이는 산업의 구조적 변화 때문이기도 하다.

일본에선 대기업이 겸업을 장려하고 있다. 겸업을 허용하는 것이 소극적 행태라면 겸업 장려는 더욱 적극적인 행태다. 〈니혼게이자이신문日本経済新聞〉이 2019년 5월 일본 도쿄증권거래소 1부에 상장된 대기업 120개사에 부업 허용 여부를 설문조사했더니 50%가 부업을 허용하고 있었다. 부업 허용을 긍정적으로 검토 중이라는 기업까지 합하면 120개 중 94개로 전체의 78%에 해당되었다. 〈니혼게이자이신문〉이 2018년 3월에 100개 기업 대상으로 부업 허용 여부를 조사했을 때는 31.5%였다. 증가세가 확연하다.

일본에서 부업 허용에 본격적으로 나선 대기업은 IT 기업들이다. 2017년 11월 소프트뱅크가 부업을 허용하고, 일본 야후도 경쟁관계가 아닌 회사에서 일하는 조건으로 겸업을 허용했다. 정보서비스기업 리크루트 홀딩스, 제약회사 로토제약 등으로 번지며 많은 대기업이 동참했고, 2019년 하반기부터는 일본 3대 종합금융사 중 하나인 미즈호 파이낸셜그룹Mizuho Financial Group이 산하 은행과 신탁은행 직원 6만 명에게 겸업을 허용했다. 은행 직원 신분으로 거래처나 이해관계 충돌 혹은 기밀정보 유출 우려가 있는 경우를 제외하고는 겸업이 가능한 것이다. 은행에 다니면서 창업을 하거나, 스타트업에서 일할 수도 있고, 다른 대기업에서 재무나 경리 파트에서 일할 수도 있다는 얘기다. 직원들이 겸업으로 과로할까 봐, 미즈호 파이낸셜그룹에선 주 5일 중 근무일을 나눠 두 곳에서 일할 수 있는 방법도 모색하고 있다. 가령, 월화수는 은행에서 목금은 스타트업에서 일하고, 원하면 주말에 뭘 해도 되는 생활이 가능해진다.

기업들이 왜 이렇게 직원들의 경력 확대와 소득 증대를 도와주려고 직무 경험을 활용하도록 허용하는지 의아할 수도 있지만, 사실은 기업도 겸업 허용으로 이득을 본다. **더 이상 종신고용, 평생직장이 사라진 시대, 고용의 유연성이 중요해졌다.** 필요한 인력과 필요하지 않은 인력을 효율적으로 들이고 내보내기를 잘 할 수 있길 원한다. 겸업을 허용한다는 얘기는, 언제든 직원을 정리해도 그 직원이 다른 길을 갈 수 있기에 덜 부담스럽기도 하다. 아울러 우리 직원만 다른 회사에서 겸업하는 게 아니라, 다른 회사의 능력 있는 인재들이 우리 회사에서 겸업하는 것도 확대되는 것이기에 노동력 활용에도 효과적이다.

은행의 경우만 하더라도, 핀테크가 중심이 되면서 기존 은행 시스템에선 필요했지만 앞으론 필요성이 줄어든 인력들도 많다. 반대로 핀테크를 위해서 필요한 IT 인재들도 많다. 은행이 IT 기업의 인재들을 대거 데려오는 것과 함께, IT 기업에 있는 인재들을 겸업을 통해서 일을 시킬 수 있다. 즉 겸업 허용에 찬성하는 기업들은 고용 유연성을 원하는 것이다. 산업적 진화는 노동의 유연성을 더욱 요구하고 있다.

심지어 일본 정부는 2020년부터 도쿄도의 직장인이 지방의 기업에서 겸업과 부업을 하도록 장려하는 제도를 시행하고 있다. 도쿄의 직장인이 지방의 기업과 겸업 계약을 맺으면, 이를 연결해준 인력소개업체에 건당 100만 엔을 주고, 겸업 허용에 적극적인 기업에 인센티브도 제공하는 제도다. 겸업과 부업 장려를 통해 대도시와 지방 간의 인력 교류를 유도하는 것이다.

구글과 페이스북을 비롯한 글로벌 기업들 중 직원의 부업을 조건부로 허용하는 경우가 많다. 당연히 경쟁사에서의 근무는 안 되지만, 직무 연관성이 없고 여가시간에 하는 조건이라면 부업이 가능하다. 국내 대기업에선 부업 금지(허락을 받은 경우에만 가능)가 대부분이지만, 바뀌는 분위기다. 이미 유튜버 겸업은 허용하는 추세이고, 고용 유연성과 관련해 법이 바뀔 경우, 기업에서의 겸업, 부업 허용은 더 확산될 것이다.

긱 이코노미가 확대될 정도로 전문성을 가진 프리랜서의 단기 노동은 중요한 노동 방식으로 자리잡고 있다. 국내에서도 휴넷에서 대기업 팀장급 경력자(15년 이상 근무)와 중소기업 임원급 경력자를 단기 고용으로 활용하는 탤런트 뱅크 서비스를 2018년에 런칭했는데, 매년 이용이 급증세다. 전문성을 갖춘 퇴사한 고급 인력을 단기로 활용할 수 있는데, 이 또한 긱 이코노미에 해당된다.

글로벌 컨설팅 기업 맥킨지McKinsey는 긱Gig을 디지털 마켓플레이스에서 거래되는 기간제 근로라고 정의했는데, 이제 긱은 공유경제 시대의 고용 트렌드이자 비즈니스 방식의 근간이기도 하다. 긱이라고 그럴싸한 이름을 붙였지만, 사실 비정규직이자 임시직, 계약직과 다른 게 뭐냐고 반문할 수 있다. 맞다. 기본적으로 긱은 고용불안 앞에선 한계가 있다. 하지만 **정규직이란 개념 자체가 점점 산업적 진화로 사라질 수밖에 없고, 능력 있는 사람들만 살아남는 시대는 불가피하다.** 실력자와 그렇지 못한 사람의 임금 차이, 기회의 차이는 극단적으로 벌어질 수밖에 없다. 안타깝지만 현실이다. 안타까운 걸 해소하는 건 정부와 정치의 역할이고, 우리는 그걸 믿고 여유 부릴 게 아니라 실력을 키우는 데 집중하는 게 최선이다.

당신은
코끼리인가
벼룩인가?

세계적 경영사상가 찰스 핸디가 쓴 《코끼리와 벼룩》(2001)
은 코끼리에 비유되는 대기업 직장에서, 벼룩에 비유되는
프리랜서 중심으로 고용문화가 재편되는 것을 다룬다. 대규
모 조직에 기대지 않고 독립적으로 실력을 발휘하는 인재가
되어야 한다는 주장을 2001년에 한 것이다. 물론 당시엔 그
의 주장을 적극 받아들이는 이들이 적었다. 그런 미래가 올
것이라는 데는 공감했을지라도 막상 스스로 대기업 조직에
서 나와 프리랜서로의 삶을 받아들이기엔 쉽지 않았다. 하
지만 시간이 지나면서 그의 주장에 따라 독립하는 이들이

생겨났다. 우리가 한 직장에서 오랫동안 일하고, 집을 사서 정착한 것은 우리의 본능이 아니라 그 시대의 고용방식과 라이프스타일, 사회적 욕망이 그러했기 때문이다. 더 이상 사람들은 평생직장을 원치도 않을뿐더러 그것이 가능하지도 않다.

과거엔 안정적으로 노동력을 확보하고 유지하기 위해서 정규직이 필요했다. 그건 노동자의 필요기도 하지만 기업의 필요기도 했다. 하루 종일, 한 달 내내, 연중 고용하는 대가로 계약하고 임금을 줬다. 하지만 이젠 바뀌었다. 고용시장은 정규직보다 프리랜서가 대세가 되고, 긱 이코노미는 산업 전반에 자리잡을 게 분명하다. 이건 기업의 의지가 반영된 결과이기도 하다.

과거엔 프리랜서 하면 특정 분야를 떠올렸다. 글쓰거나, 디자인하거나, 프로그래밍 개발하는 정도였다. 하지만 이젠 분야를 막론하고 프리랜서가 가능해졌다. 점점 정규직이란 개념이 퇴색되어가기 때문이다. 정규직 고용의 종말이라고 불러도 될 정도다.

우린 프리랜서라고 쓰고, 프리 에이전트, 긱 워커, 1인 기업 등 다양한 이름으로 부른다. 잘 나간다고 1인 기업이라고 부르고 못 나간다고 프리랜서라고 부르는 게 아니다.

이들은 한 직장에 매어 있지 않아, 필요에 따라 계약이 가능한 자유로운 상태다. 이들의 자유는 위험한 자유이기도 하다. 능력이 없으면 치명적인 위기를 맞기 때문이다. 누구든 단기간이라도 일할 수 있으니 더 많은 일자리가 창출된다고 볼 수도 있고, 반대로 값싸게 일하는 노동자만 양산되어 공유경제의 수혜자는 기업일 뿐, 노동자의 삶은 더 어려워진다고 볼 수도 있다.

고용시장에서 정규직은 계속 줄어든다. 과거 산업은 쇠퇴하면서 정규직을 줄여가고, 새로운 산업은 기술적 진화에 힘입어 정규직을 줄여간다. 결국 원치 않아도 프리랜서와 긱 워커로서 살아야 하는 환경에 처한다. 이건 유능한 사람들도 마찬가지다. **인공지능과 자동화가 사람이 하던 노동의 역할 중 상당수를 대체하게 되면 결국 소수의 정규직과 다수의 프리랜서 구도가 될 수밖에 없다.**

사실 이미 이런 흐름은 진행된 지 오래다. 더 이상 누군가에게 고용되어 정규직이 되는 걸 꿈꾸기엔 현실적으로 무리인 시대다. 스스로 스타트업을 하거나, 스스로 1인 기업이 되거나, 결국 자기 능력으로 독자적 생존 기반을 갖춰야 한다. 사실 유능한 프리랜서는 정규직보다 훨씬 더 많은 돈을 벌기도 한다.

베이징대 국가발전연구원 교수 쉐자오펑薛兆丰은 2017년 2월 지식공유 앱 더다오得到에 '쉐자오펑의 베이징대 경제학 강좌'를 개설해 동영상 강의를 올리기 시작했다. 연간 구독료 199위안(약 3만 4,000원)인데, 6개월 후인 2017년 8월 유료 구독자가 17만 명을 넘더니, 2018년 3월엔 25만 명을 넘었다. 25만 명이면 총 구독료만 5,000만 위안, 우리 돈으로 약 85억 원이다. 그는 중국에서 인터넷 스타를 뜻하는 왕훙網紅이 되었다. 법률경제학과 정치경제학이 그의 연구 분야인데, 경제학 강의로 엄청난 유료 콘텐츠 시장을 만들어낸 것이다. 그는 2018년 교수를 사직했다. 안정적 정규직을 관두고 프리랜서의 삶을 선택한 것이다. 중국에선 인터넷 스타로 부상한 교수들이 계속해서 등장하고 있다.

과연 이런 상황에서 정규직이 최선일까? 프리랜서는 열악하기만 할까? 세상이 바뀐다는 것은 우리가 가진 삶의 방식이자 직업에 대한 관점도 다시 생각해봐야 한다는 의미다. 정규직은 우위이고 프리랜서는 열악하다는 이분법도 없어져야 한다. **조직에 기대서만 살아가던 개인들의 시대에서, 지금은 개인 스스로의 가치를 가지고 조직에서 독립해 살아갈 수 있는 시대로 바뀌었기 때문이다.**

기업은 우리에게 평생직장을 책임져주지 못한다. 일하는

동안 최대한 자신의 가치를 높이는 게 기업이나 개인 모두에게 이득이다. 자신을 고용한 회사를 위해 일하는 것이 아니라, 회사가 기대하는 능력을 최대한 구현해 스스로의 가치를 높이기 위해 일하는 것이다. 기업에 직원이 도구이듯, 개인에게 기업도 도구다. 결국 스스로 자신을 고용하는 1인 기업은 필수적인 선택 중 하나가 된다. 이때도 핵심은 '1인'이 아니라 '기업'이다. 즉 혼자 하는 게 중요한 게 아니라 기업으로서 가치를 가질 만큼 돈을 벌고 스스로의 상품성도 갖춰야 한다는 것이다.

직업의 종말, 정규직의 종말, 노동의 종말 등 일과 관련한 미래 화두의 방향은 다 같다. 여전히 19세기 혹은 20세기의 고용문화이자 대규모 직장에 의존하는 정규직 모델을 맹신하는 이들도 있다. 시대 변화와 상관없이 과거의 방식이 익숙하고, 자신이 아는 전부라서 그걸 고집하는 이들이다. 과연 익숙한 것, 오래된 것이 미래에도 좋을까? 세상은 바뀌었는데 아직도 과거에서 벗어나지 못하다간 도태되지 않을까?

코로나19 영향으로 확실히 사라진 게 있다면 그건 사무실이다. 출근이 재택근무로 대체되었고, 어디서든 근무work-from-anywhere**하는**

형태로 진화하고 있다.

런던 비즈니스스쿨의 린다 그래튼Lynda Gratton 교수의 말이다. 그녀는 《일의 미래》(2011), 《100세 인생》(2016)을 쓴 저자이기도 한데, 노동과 직업을 계속 연구한 전문가다.

직원 모두가 재택근무를 하면 누가 성과를 내는 핵심 인재인지 더 명확하게 보인다. 코로나 종식 이후엔 기업들이 조직 슬림화에 나설 것이다.

앤디 셰Andy Xie 전 모건스탠리 수석 이코노미스트의 말이다. 그는 1997년 아시아 외환 위기와 2008년 글로벌 금융 위기를 예견한 경제 전문가로 현재는 독립적으로 활동한다.

2021년은 AI와 자동화가 당신의 일터에 본격적으로 등장하는 원년이 된다.

글로벌 경영컨설팅 회사 베인앤컴퍼니Bain&Company의 CEO 매니 마케다Manny Maceda의 말이다.

이들 세 명은 비즈니스와 경영전략 분야에선 손꼽히는

전문가들인데, 모두 재택근무와 자동화 확대에 따른 일자리 감소를 내다보았다. 사실 이런 주장은 이들뿐 아니라, 국내에서도 필자를 비롯해 수많은 이들이 한다. 이미 현실로 다가온 미래라는 의미이고, 본격적인 일자리 감소이자 능력 있는 직원들만 살아남는 조직의 슬림화는 2021년 화두가 될 수밖에 없다. **한번 줄어든 일자리가 다시 늘어나는 건 불가능하다. 결국 실력자만 살아남는 살벌하지만 공정한 게임이 시작되었다.**

과거의 인재는 평생직장을 원하거나, 오래 안정적으로 일하는 걸 중요하게 여긴 반면, 요즘 인재들은 자신의 성장 가능성과 일하기 좋은 환경도 중요하게 여긴다. 따라서 직원들이 자기계발 잘할 수 있는 기회를 주는 것도 필수가 되었고, 원격근무와 재택근무가 원활하도록 환경을 조성하고 업무 평가를 투명하게 만드는 것도 필수가 되었다. 유능한 인재를 확보하기 위해서는 말이다. **구직자는 많지만 인재는 늘 부족하다. 결국 기업은 좋은 인재를 확보하기 위해서라도 일하는 방식을 바꿀 수밖에 없다.** 기술적 진화든, 팬데믹의 영향이든, 인재의 요구든 지향점은 같다. 결국 그 방향으로 가는 걸 막을 수 없단 얘기다. 승자 독식이자 실력자만 살아남는 세상이다.

이동할 수 있는 자만
살아남는다

국가의 장벽도 사라지고, 언어와 문화의 장벽도 과거와 비교할 수 없을 정도로 낮아졌다. 컴퓨터 앞에서 일하다 보면 이곳이 서울인지 뉴욕인지 치앙마이인지, 사무실 책상인지 카페인지 달리는 기차 안인지 구분이 안 된다. 화상회의를 자주 하다 보면 내 동료가 앞에 있는지, 옆 사무실에 있는지, 아니면 다른 나라에 있는지 구분하는 게 의미가 없어진다. 컴퓨터와 스마트폰으로 우린 전 세계 어디든 접속할 수 있고, 전 세계 누구와도 연결될 수 있다.

지금 시대의 거의 모든 업무는 컴퓨터로 한다. 네트워크에 연결된 컴퓨터로 모든 업무를 처리한다. 즉, 네트워크에 연결된 노트북을 사무실 책상에 올려뒀을 때와, 자기 집 책상에 올려뒀을 때, 카페의 테이블에 올려뒀을 때, 호텔방의 테이블에 올려뒀을 때 업무능력이 달라지지 않는다. 이는 장소뿐 아니라, 국가를 달리해도 업무능력에 차이가 없다. 이것이 가능한 사람들이 더 많은 일자리 기회를 가질 수밖에 없다. 그럴 수 있는 직업이자 업무능력을 갖는 게 필수인 시대가 시작되었다. 이런 사람들을 일컬어 **'장소에 구애받지 않고 능력을 발휘하며 일한다'는 의미로 로케이션 인디펜던트 Location Independent라고 한다. 디지털 노마드이자 로케이션 인디펜던트, 그리고 인디펜던트 워커까지 결합되는 것이 미래 인재가 가져야 하는 기본 자질이다.**

그렇다고 한곳에 정착하지 않고 무조건 돌아다녀야만 하는 건 아니다. 다만, 할 수 있는데도 안 하는 것과 할 수 없어서 못 하는 건 다르다. 국가와 지역, 장소에 상관없이 어디에서든 일할 수 있으려면, 디지털과 네트워크 기반의 스마트워크 환경에 익숙해야 한다. 그리고 조직에 기대지 않고 혼자서도 충분히 생산성을 발휘하고 비즈니스를 할 수 있어야 생존력은 더 커진다. 일자리라도 다 같은 일자리가 아니다. 직업에 귀천이 없다고 말하는 사람조차도, 더 좋아하는 직업, 선호하는 일자리가 있을 것이다.

원래 노마드는 중앙아시아, 몽골 등에서 목축을 하며 물과 풀을 따라 옮겨다니는 유목민을 지칭했다. 그런데 프랑스 철학자 질 들뢰즈Gilles Deleuze가 《차이와 반복》(1968)에서 특정한 가치와 삶의 방식에 얽매이지 않고 끊임없이 자기를 부정하면서 새로운 자아를 찾아가는 것을 의미하는 철학적 개념으로 노마디즘Nomadism이란 말을 사용했고, 그 후로 사람들에게 노마드는 유랑하는 목축업자가 아니라 한곳에 안주하지 않고 자아를 찾아 이동하는 사람들을 지칭하는 말이 되었다.

독일 미래학자 군둘라 엥리슈Gundula Englisch가 《잡 노마드 사회》(2001)에서 잡 노마드를 정의했고, 프랑스 사회학자 자크 아탈리Jacques Attali가 《호모 노마드》(2003)에서 21세기를 노마드의 시대로 규정했다. 유럽처럼 수많은 국가들이 서로 연결되어 국경을 쉽게 넘나들 수 있고, 언어의 장벽도 상대적으로 낮은 곳에서는 국가를 옮겨가며 직업을 가지고 살아가는 게 수월했다. 그래서 노마드를 유로 노마드라고도 하고, 비즈니스 집시라고도 한다. 지금은 전 세계 모두에게 적용되는 개념이 되었다.

사실 노마드는 이중적인 말이다. 유능하고 오라는 데도 많아서 적극적으로 이동하며 능력을 펼치는 이들도 해당되지만, 어쩔 수 없이 생계를 위해 돈과 일자리를 찾아 떠돌아다니는 비정규직이자 프리랜서도 이에 해당된다. 둘 다 잡노마드지만 상황은 전혀 다르다. 결국 여기서도 실력과 경쟁력이 둘을 가른다. 이동 자체가 핵심이 아니라, 자발적 이동이 핵심이다. 장소와 지역, 국가에 구애받지 않고 어디서든 자신의 능력을 발휘하며 경제활동, 사회활동을 하는 것이 핵심인 것이다. 지금 직장인들에겐 덜 하지만, 우리 자녀들이 일할 시대엔 로케이션 인디펜던트가 선택이 아니라 필수가 될 가능성이 크다.

전 세계 어딜 가도 일하며 돈을 버는 게 가능하려면 두 가지 방법이 있다.

하나는 외국에서 자국의 기업과 네트워크로 일하는 것이다. 일종의 원격근무다. 몸은 뉴욕 혹은 파리에 있지만 장소에 상관없이 한국의 기업과 일하는 것이다. 글을 쓰건 디자인을 하건 IT 개발을 하건 네트워크로 주고받을 수 있는 일이다. 이건 한국에서도 충분히 할 수 있는데 굳이 외국에 나가서 하는 경우다. 일은 한국에서 하는 것과 다르지 않다. 다만 삶의 환경이 달라진다. 어차피 서울에 있더라도 생활비는 쓴다. 그 돈을 서울에서 쓰나 다른 나라, 다른 도시에서 쓰나 마찬가지다. 이게 가능하려면 한국에서 버는 만큼 외국에서도 벌 수 있어야 한다. 물론 한국에서 버는 것보다 적게 벌어도 된다. 한국보다 생활비가 적게 드는 나라에서 살면 되니까.

다른 하나는 전 세계 어딜 가더라도 그 나라의 기업과 일하는 것이다. 현지에서 일자리를 구해 돈을 버는 것이다. 아니면 스타트업을 해도 된다. 잡 노마드이자 디지털 노마드 중에서 IT 개발자나 디자이너가 유독 많은 건 언어 문제로부터 좀 더 자유롭기도 하고, 어느 나라에서 일하건 같은 컴퓨터와 소프트웨어를 써도 되기 때문이다. 고급 언어가 아니라 일상 회화만 가능해도 된다. 여기에 소프트웨어 개발물, 디자인, 영상 등 명확한 결과물을 도출할 수 있는 분야가 유리하다.

결국 두 가지 방법 모두 언어, 기술이 기본으로 필요하다. 어떤 공부가 필요한지 바로 답이 나왔다. 아무리 통번역 프로그램이 좋은 게 나와도 그 언어를 어느 정도 할 수 있는 사람이 유리하다. 코딩을 비롯해 새로운 기술에 대한 이해는 모든 일의 기본이 된다.

아울러 로케이션 인디펜던트를 원하는 한국인에게 가장 필요한 것이 개방성이다. 우리는 초중고 12년을 주입식 교육과 통제된 환경에서 공부했다. 이런 교육 환경에서 자연스럽게 배운 것이 집단적 문화이자 통제에 순응하는 것이다. 단일 민족, 단일 국가에서 살아왔고, 외국인을 대하는 태도나 언어의 장벽 등 다소 폐쇄성을 가지고 있다. 유럽의 청년들은 전세계를 바라보며 자신의 직업과 미래를 계획하는데 우린 한국 내에서만 모든 계획을 세우려 든다. 이것부터 깨야 한다.

서울에서 로케이션 인디펜던트를 하는 외국인들도 점점 많아진다. 서울은 전 세계 디지털 노마드들이 일하며 살아보고 싶은 도시에서 상위권에 꼽힌다. 보는 시각에 따라 누군가에겐 헬조선이, 누군가에겐 디지털 노마드 하기 좋은 나라다. 어떤 나라에서 태어날지를 스스로 정하진 못했지만, 어떤 나라에서 살아갈지는 우리가 정할 수 있다. 결국 폐쇄성을 버리고 개방성을 갖는 것부터가 로케이션 인디펜던트를 위한 시작이다.

경제적 독립과 개방성을 가진 이들에게 국경은 더 이상 장벽이 아니다. 어디에서 일하고, 누구와 친구하고, 누구와 가정을 꾸릴지, 모든 것이 기성세대 때와는 달라진 시대다. 당신의 자녀가 살아갈 미래는 더욱 그럴 것이다. 그렇다면 그들에게 뭘 더 가르쳐야 할까? 어떤 능력, 어떤 자질을 키워줘야 할까? 결국 프로페셔널 스튜던트다. 물고기를 주는 것이 아니라 낚시하는 법을 가르쳐야 한다.

리스킬링,
업스킬링

지금 뛰어난 글로벌 기업들의 CEO들은 회사를 이익 중심에서 인재 중심으로 바꾸고 있습니다. 재무제표에는 없지만 오늘날 기업 자산 중 가장 중요한 것은 인재거든요. 따라서 기업에 가장 좋은 투자는 인재들을 디지털 시대에 맞게 업스킬Upskill하는 것입니다.

글로벌 회계컨설팅 기업인 PwC 팀 라이언 회장이 2020년 10월 〈매일경제신문〉 인터뷰에서 한 말이다. 인재 개발을 미래 성공의 핵심으로 본 것은 갑자기 생긴 변화는 아니다. 수년간 지속적으로 부상해왔던 일인데, 코로나19 팬데믹이 인재 개발의 중요성을 더 높였다.

글로벌 종합 회계컨설팅 기업인 KPMG가 2020년 9월 발표한 〈2020 CEO Outlook〉 설문조사에 따르면, CEO들이 가장 큰 리스크라고 평가한 것이 '인재 리스크Talent Risk'다. 같은 시기 발표한 〈Post-COVID-19 CIO〉 설문조사에 따르면, 62%는 직원들의 기술(역량) 부족으로 조직이 변화 속도를 따라가지 못한다고 답했다.

리서치 업체 TalentLMS가 Training Journal, Workable 등과 함께 기업 인재담당 책임자와 경영진 대상으로 팬데믹 기간 중 설문조사한 결과(2020년 6월 발표)에 따르면, 조사대상 기업 중 43%는 팬데믹을 겪으면서 자체 리스킬링 프로그램을 확대했다고 한다. 그리고 **기업의 91%, 직원의 81%가 업스킬링과 리스킬링을 통해 업무 생산성이 높아졌다고 답했다. 결국 프로페셔널 스튜던트가 되는 것은 기업에도, 직장인에게도 모두 이득인 것이다.**

디지털 기술을 비롯 산업적으로 활용되는 주요 기술들의 반감기가 계속 짧아진다. 이로 인해 새로운 기술과 역량을 가진 인재는 부족할 수밖에 없다. 매번 새로운 인재를 외부에서 데려오기도 쉽지 않고, 애초에 그런 인재는 턱없이 부족한 설정이다. 결국 가장 현실적인 방법은 리스킬링이다. 조직의 인재들을 계속 리스킬링Reskilling, 업스킬링Upskilling 해서 재교육하고 업무수준을 향상시키지 못하면 비즈니스에서 기회를 잡지 못한다.

PwC의 〈Talent Trends 2019: Upskilling for a digital world〉 보고서에 따르면, 글로벌 기업 CEO(조사 대상 1,378명) 중 79%가 비즈니스를 하면서 핵심 스킬의 가용성에 대해 우려(매우 우려, 다소 우려 포함)하고 있다. PwC는 글로벌 기업 CEO를 대상으로 매년 설문조사를 하는데, 비즈니스를 하면서 핵심 기술의 가용성에 대해 우려하는 응답률이 2011년 56%, 2012년 53%, 2013년 58%였던 데 반해, 2017년 77%, 2018년 80%, 2019년 79%로 눈에 띄게 높아졌다. 자기 회사와 직원들이 보유한 핵심 기술 역량에 대해 불안해하고 걱정하는 글로벌 기업 CEO가 많아진 건, 그만큼 IT를 비롯한 기술 중심 산업의 주도권이 커지는 데다 산업적 진화 속도도 빠르고 비즈니스가 더 치열해지기 때문이다.

세계경제포럼World Economic Forum에서 2019년 11월 이 이슈를 중요하게 소개하며, CEO들이 밤에 잠 못 드는 이유가 바로 '스킬Skills' 때문이라고 제목을 달았다. **요즘 기업들의 가장 큰 숙제가 새로운 사업을 이끌어갈 좋은 인재를 잘 데려오는**

것과 기존 인력들을 리스킬링, 업스킬링시키는 것이다. 결국 비즈니스는 사람이 한다. 아무리 첨단의 기술이 있더라도 그걸 비즈니스로 만들어내는 건 유능한 사람들의 몫이다. 글로벌 기업 CEO가 잠 못 들 정도로 걱정이 많은 건 그 때문이고, 이런 상황에서 직원들의 기술 역량을 강화하기 위한 교육 투자는 커질 수밖에 없다.

기업들이 거리두기로 오프라인 교육에 제약이 생기니 100% 온라인 교육으로 전환해 진행한다. 이런 상황에서 무크MOOC의 대표적 업체인 유다시티Udacity, 코세라Coursera, 유데미Udemy 등이 수혜를 보고 있다. 글로벌 기업들의 직원 교육에 적극 활용하기 때문이다. 유다시티는 특정 분야를 세분화해 미니 과정으로 만들고, 이를 이수하면 나노학위NanoDegree를 준다. 만약 하루에 2시간씩, 1주일에 10~15시간 공부하면 이수하는 데 1개월 정도 걸린다. 짧은 과정을 통해 좀 더 몰입해 공부하게 하는데, 직장인들로선 너무 긴 과정이 부담스럽거나 중간에 몰입이 깨질 수도 있다는 점을 고려한 것이다.

BMW 그룹은 유다시티와 자율주행, 데이터 사이언스 분야의 나노학위 과정을 개발해 운영한다. 교육을 통해 엔지니어를 데이터 전문가로 진화시키는 목표를 가지고 있다. 이는 직원의 성장뿐 아니라, BMW가 기계 엔지니어가 아닌 데이터 전문 엔지니어가 주도하는 자동차 회사를 지향해서다. 자동차 산업의 방향도 이미 모빌리티, 자율주행이 대세가 되고 있으니, 결국 데이터가 핵심이 된다. BMW는 엔지니어뿐 아니라, 임원들에게 인공지능을 가르치는 '리더를 위한 AI AI for Leaders' 프로그램도 개설했다.

글로벌 에너지 기업 쉘Shell도 유다시티와 함께 여러 과정의 쉘 나노 트랙Shell Nano Tracks을 만들어 데이터 사이언스, 인공지능 분야의 교육을 직원들에게 제공한다. 모든 교육은 온라인으로 진행되다 보니 락다운과 원격근무 상황에서도 교육 참가자가 늘고, 교육을 통해 업무능력이 향상되어 회사에 대한 만족도까지 높아진 것으로 드러났다.

팬데믹은 기업만 위기를 맞는 게 아니라, 개인인 직장인들도 미래에 대한 불안감이 커지는 시기다. 결국 코로나19 팬데믹이 개인이나 기업 모두에게 리스킬링, 업스킬링의 필요성을 높였고, 프로페셔널 스튜던트가 늘어나는 결정적 기회도 제공해주었다.

기업의 새로운
인재상이 된
프로페셔널 스튜던트

IBM의 철학은 필요할 때마다 외부 인력을 영입하는 것이 아니라 리스킬링이나 업스킬링으로 내부 인재의 유기적 성장을 도모하는 것이다. IBM이 조직관리와 관련해 노력을 기울이는 부분 중 하나는 직원들이 지치지 않고 끊임없이 학습할 수 있는 능력을 갖추도록 하는 것이다.

이는 쓰보타 구니야 IBM 아시아태평양 인사총괄 부사장이 2018년 10월 〈한국경제신문〉 인터뷰에서 한 말이다. IBM의 인재 정책은 프로페셔널 스튜던트라고 해도 과언이 아니다. IBM은 2016년 첨단 기술 영역에서 실무능력을 갖춘 인재를 일컫는 뉴칼라를 인재의 핵심으로 내세웠다. 화이트칼라, 블루칼라 같은 구분도 의미가 없고, 전통적인 학위나 전공 개념도 중요하지 않다고 봤다. 새로운 변화와 새로운 기술에 얼마나 능한지를 가장 중요하게 봤다. 졸업장과 자격증보다 실제 업무에 적용할 스킬을 우선해서 고려해 채용하는 것이다.

이런 인재관 덕분에 미국 IBM에선 직원 중 1/3이 대학 학위가 없다고 한다. 사이버 보안, 클라우드 컴퓨팅, AI 비즈니스, 디지털 디자인 등의 분야는 전통적인 4년제 대학 학위가 없어도 실력이 있다면 채용하도록 했다. 이는 전 세계 IBM으로 확대 적용되었고, 실제 교육관도 바뀠다. 과거라면 IBM에 취업하지 못했을, 아니 채용 지원조차 하지 못했을 사람이 지금은 당당히 합격해 유능한 인재로 일할 수 있게 된 것이다.

우리는 당신들을 버리지 않습니다. 당신이 버려지길 바라지만 않는다면 말이죠. 자신을 위해 투자하세요. 회사가 할 수 있는 모든 것을 지원하겠습니다.

PwC 팀 라이언 회장의 말이다. 디지털 역량이 부족한 직원들은 불안감이 크다. 분명 그들도 산업의 변화, 일하는 방식의 변화를 느끼고, 기술 역량이 떨어지는 자신들이 도태되거나 해고되는 것에 대한 불안도 크다. 로봇과 인공지능이 일자리를 대체하는 데서 가장 치명적 타격을 입는 분야가 회계다. 수치로 계산하고 처리하는 역할은 로봇과 인공지능이 아주 잘하는 분야이기 때문이다. 따라서 디지털 트랜스포메이션은 회계컨설팅이 전문인 PwC로서도 숙제였고, 가야 할 방향이었다. 이를 위해 외부 인력을 데려오는 것보다 내부 직원들의 업스킬링, 그중에서도 기존 직원들의 디지털 역량 강화를 선택했다. 앞선 말의 핵심은 영원히 버리지 않고 책임지겠다는 게 아니다. **직원이 프로페셔널 스튜던트가 되도록 회사가 지원해줄 테니, 적극적으로 업스킬링, 리스킬링하라는 것이다. 그런 투자와 기회를 주는데도 안 하는 사람은 내치겠다는 의미다.**

국내 대기업 중에서도 프로페셔널 스튜던트를 인재상의 핵심으로 내세우는 곳이 점점 늘어난다. 한라그룹은 2020년부터 최고인사책임자CHRO와 인재개발원장을 그룹 회장이 겸하고 있다. 그룹의 교육과 인사의 가장 중요한 역할을 다른 사람이 아닌 회장이 맡았는데, 국내 그룹사 중 이런 경우는 현재 유일하다. 과거에는 단 한 번 있었다.

이건희 회장이 1987년 회장이 된 후 가장 먼저 내린 지시가 세계 최초 기업 내 대학인 GE의 크로톤빌Crotonville 연수원을 모델로 삼성인력개발원을 만들라는 것이었고, 초대 원장을 이건희 회장이 겸했다. 그는 천재 한 사람이 10만 명을 먹여 살린다는 어록을 남기기도 했고, 여전히 삼성의 핵심 가치 중 하나가 인재 제일이다. 덕분에 한국 최고 기업은 물론, 세계 최고 기업 중 하나가 되었다.

SK그룹은 2020년부터 사내대학인 마이서니MySuni 플랫폼을 통해 임직원들을 근로시간의 10%에 해당하는 연간 200시간 정도 교육하고 있다. AI(인공지능), 디지털 트랜스포메이션, 반도체, 글로벌, 사회적 가치 등 SK그룹이 하고 있는 비즈니스이자 중요하게 여기는 경영 가치에 대한 내용들이다. 새로운 것을 계속 배우지 않으면 살아남을 수 없는 시대, 변화에 대한 대응력이 떨어지는 직원은 도태될 수밖에 없다. 자신이 가진 경험과 능숙함, 익숙함만 믿고 과거에 갇혀 발전 없이 퇴보하는 직원들이 없도록 하는 게 기업의 인사, 교육 파트가 할 일이다. 분명 변화에 대한 저항이 있을 것이고, 이에 대해 강력히 저항을 돌파하는 기업의 시도도 계속 이어질 것이다.

일본식 경영의 대표격인 토요타 자동차가 2021년부터 연공서열형 호봉제를 폐지한다. 연차가 쌓이면 일률적으로 호봉에 따른 연봉이 오르고, 직위도 오르는 건 일본이나 한국에서 일반적인 조직문화다. 그런데 토요타가 일률적인 정기승급과 호봉제를 없애고, 개인별 성과 평가 체제를 시행하기로 한 이유는 실력 중심의 조직문화를 만들기 위해서다. 과거엔 맞았지만 지금은 틀리는 게 연공서열, 위계구조 중심의 조직이다. 일하는 방식과 평가 방식의 변화는 효율성과 생산성을 위해서지만, 궁극적으로 산업 변화에 대응하기 위해서다. 더 이상 나이와 연차, 직위만 믿고 안일하게 대응해선 생존하지 못한다. 한국에서도 호봉제를 없애는 대기업이 나오기 시작했는데, 수년 내 호봉제 폐지는 뉴노멀이 될 것이다.

구글, BMW, 버라이즌, HSBC 등을 고객사로 둔 기술 인재 에이전시 10x 매니지먼트10x Management를 설립(2012년)한 마이클 솔로몬Michael Solomon과 리숀 블럼버그Rishon Blumberg의 〈매일경제〉 인터뷰 기사(2020년 10월 22일)를 흥미롭게 봤다. 위기에서 기업이 살아남으려면 동료보다 몇 배 탁월한 능력을 가진 인재를 영입해야 한다며, 이런 인재를 10x 인재10x Talent라고 불렀다. 말 그대로 보면 능력이 10배 뛰어난 인재인데, 사실 탁월한 인재가 있으면 좋은 건 누가 모르겠나. 중요한 건 이런 인재를 어떻게 만들어내느냐, 이런 인재를 어떻게 찾느냐가 문제 아니겠는가? 기술 역량이 비즈니스에서 점점 중요해지면서 우수한 인재와 그렇지 않은 인재가 만들어내는 성과의 차이는 수십, 수백 배가 될 수 있다. 실제로 똑같은 프로그래밍 언어를 공부한 프로그래머라도 일반적 인재와 탁월한 인재는 하늘과 땅 차이이다. 기술은 같은 것을 쓰더라도, 그 기술의 활용 능력 자체가 다르기 때문이다.

10x 매니지먼트 설립자들은 10x 인재의 5가지 특징 중 새로운 것을 배우길 좋아하는 평생학습자를 첫 번째로 꼽았다. 10x 인재의 핵심이 바로 프로페셔널 스튜던트인 셈이다. 두 번째가 '어려운 문제를 해결하는 것을 즐긴다', 세 번째가 '중요하고 가치 있는 일을 하는 것에 마음을 쓴다', 네 번째가 '자기 업무 성과에 대한 피드백을 받는다', 다섯 번째가 '피드백에 대해 자기방어나 남 탓하지 않고 있는 그대로 받아들여 자신을 개선한다'이다.

첫 번째 특징뿐 아니라, 나머지 특징도 안주하지 않고 도전하고, 자신을 계속 진화시키는 점에선 프로페셔널 스튜던트로 볼 수 있다. 탁월한 성과를 내는 인재는 결국 계속 공부할 수 있는 사람인 것이다. 누구나 열심히 한다고 10x 인재가 되진 않겠지만, 10x 인재의 잠재력을 가진 이들은 주로 높은 IQ와 EQ를 균형 있게 갖춘 경우가 많다고 한다.

이는 한국적으로 해석하면 문과와 이과의 학습력을 균형 있게 갖춘 인재라는 게 타당해 보인다. 탁월한 인재일수록 기술과 비즈니스 둘 다 이해도가 높다. 두 가지를 서로 다른 역할로 본 과거와 달리 지금은 두 가지를 균형 있게 갖춘 인재가 대세다. 결국 오래 일할 수 있는 사람, 기업이 계속 원하는 인재상이 바로 이런 사람이다.

프로페셔널 스튜던트를 인재관으로 가지는 기업은 늘어날 수밖에 없다. 사람이 핵심 자본이 되기에, 외부 인재를 잘 영입하고, 내부 인재를 잘 키워내고, 도태된 인력을 잘 내보내는 것이 중요할 수밖에 없다. 고용의 유연성이 가장 필요한 건 이런 이유 때문이다.

모든 비즈니스가 IT와 연결되고, 디지털 트랜스포메이션이 필수가 되는 시대, 인공지능과 로봇, 데이터 사이언스가 모든 업무에서 기본으로 적용되는 시대를 살아가는 사람들에게 과거처럼 일하라고 할 수도 없고, 과거의 인재관, 교육관을 고수해서도 안 된다. 과거와 관성에 머물면 미래를 맞이할 수가 없다.

조직이 큰 대기업에서 가장 우려하는 것이 유능한 직원은 자꾸 독립해서 스타트업을 하고, 무능한 직원은 절대 안 나가고 끝까지 버티는 상황이다. 변화에 발빠르게 대응하고 과감하게 도전하는 인재를 조직에서 계속 일하게 만드는 것이 반드시 필요하다 보니, 대기업으로선 사내 스타트업을 육성, 지원하거나, 유능한 직원들을 파격적으로 대우하고 연공서열을 파괴하게 된다. **수평화, 애자일이 조직문화의 중심으로 선택되는 것도 결국 유능한 인재 중심으로 조직을 운영하기 위해서다.** 조직 구성원 중 여전히 무임승차자도 존재한다. 실력 없는데 일자리 차지하고 있는 것도, 실력 있는데 일자리 못 구하는 것만큼 속상하고 안타까운 일이다. 결국 실력자만 살아남고, 실력자에게 확실히 보상을 해주겠다는 것이 기업이 지향하는 인재 관리의 메시지다.

언제까지
일할 수 있을까?

법적 정년은 60세지만, 실질적 퇴직 시기는 그보다 빠르다. 국회입법조사처가 2018년 11월 발간한 〈60세 이상 정년 의무화의 입법영향분석〉 보고서에 따르면, 실질적인 퇴직 시기는 2017년 기준 49.1세였다. 2006년 기준 50.3세였으니 11년간 1.2세 줄어든 셈이다. 이를 그대로 적용해보면 2021년 기준으로는 48.7세 정도가 된다. 물론 이건 평균이니까, 일부는 이보다 훨씬 더 빠를 수 있다.

2020년 은행권에서 대대적으로 희망퇴직을 받았는데 대상이 되는 나이가 1980년생부터였다. 2020년은 1980년생이 만 40세다. 20대 중후반에 입사하는 것으로 계산하면 15년 정도 일하고 희망퇴직 대상이 되는 셈이다. 10대 그룹 주요 계열사에 근무하는 직원들의 평균 근속연수가 10년 정도인 걸 감안하면 만 40세 퇴직이 그리 낯선 일도 아니다. 30대도 이를 피하지 못한다며 38세가 구조조정되어 퇴출되는 나이라는 의미로 38선이라는 말도 있다.

우리나라에서 정년보장, 평생직장 개념이 무너지기 시작한 건 IMF 외환 위기 때문이다. 1997년 하반기부터 2000년까지 무려 3만여 개의 크고 작은 기업이 문을 닫았고, 171만여 명의 직장인이 실직을 했다. 이때 45세가 실질적 정년이라는 사오정, 56세까지 회사 다니면 도둑이라는 오륙도라는 말이 유행어가 되었다. 이는 일시적 유행어가 아니라 지금까지도 유효한 말이다. 로봇과 인공지능, 자동화가 본격적으로 사무직 일자리를 뺏아가기 전인데도 40대에 퇴직하는 상황인데, 10년 후쯤이면 30대 퇴직도 일상적으로 일어날 듯하다. **퇴직과 나이가 상관없어지는 시대, 당신은 과연 얼마나 오래 일할 수 있을까?**

2021년 화두 중 하나가 구조조정이다. 안타깝지만, 코로나19 팬데믹이 초래한 경제 위기 상황에서 대규모 정리해고가 일어나고, 아예 기업이 망해서 한번에 대량의 실업자가 생기는 경우도 많을 것이다. 전통적인 산업이 디지털 기반의 산업에 의해 대체되는 것도 요인이 되고, 자동화에 의한 생산성 향상이 초래할 인력 감축도 요인이 된다. 일자리 위기는 매년 심화될 것이다.

그렇다면, 오래 일하려면 어떤 능력이 필요한가? 먼저 세계경제포럼의 〈미래의 직업 리포트 2020 The Future of Jobs Report 2020〉(2020년 10월 발표)은 미래의 직업 예측을 다루면서, 2025년 가장 중요한 역량(스킬) 15개를 제시했다. 15개 리스트를 통해 자신의 역량을 생각해보라. 15개 스킬 모두 로봇, 자동화에 완전히 대체될 수 없는 역량이다. 즉, 이런 역량들을 갖춘 인재가 오래, 그리고 중요한 역할을 맡으면서 일할 가능성이 크다.

2025년 가장 중요한 역량(스킬) 15

1	분석적 사고와 혁신 Analytical Thinking and Innovation
2	적극적인 학습 및 학습 전략 Active Learning and Learning Strategies
3	복잡한 문제 해결 Complex Problem-solving
4	비판적 사고와 분석 Critical Thinking and Analysis
5	창의성, 독창성 및 결단력 Creativity, Originality and Initiative

6	리더십과 사회적 영향력 Leadership and Social Influence
7	기술 사용, 모니터링 및 제어 Technology Use, Monitoring and Control
8	기술 설계 및 프로그래밍 Technology Design and Programming
9	탄력성, 스트레스 내성 및 유연성 Resilience, Stress Tlerance and Flexibility
10	추론, 문제 해결 및 발상/관념화 Reasoning, Problem-solving and Ideation
11	감성 지능 Emotional Intelligence
12	문제 해결 및 사용자 경험 Troubleshooting and User Experience
13	방향 설정 능력 Service Orientation
14	시스템 분석 및 평가 Systems Analysis and Evaluation
15	설득 및 협상 Persuasion and Negotiation

(출처 : 세계경제포럼)

    아울러 산업 전반에 걸쳐 수요가 증가하는 20가지 직무 역할을 제시한 것이 있어 이어 소개한다. 이를 통해 2025년 좀 더 기회가 많을 직무 역할이자 직업, 그리고 어떤 역량을 더 공부하고 강화할지 방향성을 찾을 수 있을 것이다. 대부분이 IT 산업에 해당된다. 그만큼 모든 산업이 IT화되어서다. 이건 2025년에만 유효한 게 아니라, 적어도 2030년까지 유효할 가능성이 크며 이러한 경향은 그 이후에도 이어질 것이다.

가장 수요가 증가하는 직무 역할 1위가 데이터 분석가 및 데이터 사이언티스트Data Analysts and Scientists인데, 공교롭게도 가장 수요가 감소하는 직무 역할 1위는 데이터 입력 사무원Data Entry Clerks이다. 둘 다 데이터Data가 들어가는 역할이라 비슷해 보여도 사실은 하늘과 땅 차이이다. 단순 반복하는 정형화된 업무는 사라질 수밖에 없다. 수요가 증가하는 20가지 직무 역할에 자신이 해당되는지, 그 역할을 위해 어떤 것을 배워야 할지 생각해보라.

	산업 전반에 걸쳐 수요가 증가하는 20가지 직무 역할
1	데이터 분석가 및 데이터 사이언티스트 Data Analysts and Scientists
2	AI 및 머신러닝 전문가 AI and Machine Learning Specialists
3	빅 데이터 전문가 Big Data Specialists
4	디지털 마케팅 및 전략 전문가 Digital Marketing and Strategy Specialists
5	프로세스 자동화 전문가 Process Automation Specialists
6	비즈니스 개발 전문가 Business Development Professionals
7	디지털 트랜스포메이션 전문가 Digital Transformation Specialists
8	정보 보안 분석가 Information Security Analysts
9	소프트웨어 및 애플리케이션 개발자 Software and Applications Developers
10	사물 인터넷 전문가 Internet of Things Specialists

11	프로젝트 관리자 Project Managers
12	비즈니스 서비스 및 관리 매니저 Business Services and Administration Managers
13	데이터베이스 및 네트워크 전문가 Database and Network Professionals
14	로봇 공학자 Robotic Engineers
15	전략 고문 Strategic Advisors
16	경영 및 조직 분석가 Management and Organization Analysis
17	핀테크 엔지니어 FinTech Engineers
18	기계공 및 기계 수리공 Mechanics and Machinery Repairers
19	조직 개발 전문가 Organizational Development Specialists
20	위험 관리 전문가 Risk Management Specialists

(출처 : 세계경제포럼)

세계경제포럼의 〈미래의 직업 리포트 2020〉을 관통하는 중요한 메시지 하나는 전문지식이 필요한 일자리는 상대적으로 위기가 적다는 점이다. 이를 다시 말하면 일자리 위기를 겪는 사람은 새로운 전문지식을 배워서 위기를 극복하면 된다. 물론 모두가 가능하진 않다. 그렇기에 전문지식을 계속 잘 배울 수 있는 능력을 갖는 게 미래에 중요한 자질이다. 특정한 전문지식 자체가 아니라, 새로운 전문지식이 필요할 때마다 그걸 바로 배워서 써먹을 수 있어야 하는 것이다. 공부하기 싫어하는 사람이라면 미래는 더 암울해진다.

정부는 직업 재교육 관련 예산을 계속 늘려야 한다. 다만 대상은 단순 노동자가 아니라 전문지식을 가진 고급 지식 노동자 중심이어야 한다. 단순 노동자는 기계와 자동화의 대체 대상일 뿐 유지되기에는 한계가 있기 때문이다.

세계경제포럼은 2016년 1월에 〈미래의 직업〉 보고서를 발표한 이래, 2018년 두 번째 에디션에 이어, 2020년에 세 번째 에디션까지 발표했는데, 세계경제포럼 웹사이트 (weforum.org)에서 볼 수 있다. 이들 보고서를 다 찾아서 살펴봐도 좋고, 그중 하나만 읽는다면 단연 가장 최근 버전인 〈미래의 직업 리포트 2020〉을 권한다.

아이들은 미래에
어떤 직업을 가질까?

앞서 소개한 〈미래의 직업 리포트 2020〉에서 수요가 늘어나는 데이터 분석, 인공지능, 로봇, 핀테크, 소프트웨어 개발 등 IT 분야의 직업을 선택하는 것도 방법이 된다. 유망한 직업은 성장하는 산업 속에 있고, 일자리와 기회도 상대적으로 많다. 물론 사람들이 선망하는 의사, 법조인도 여전히 좋은 직업이고, 미래에 IT화되긴 하겠지만 결코 사라질 직업은 아니다.

아이들이 미래에 어떤 직업을 가지면 좋을지에 대한 답으로 굳이 유망 직업 리스트를 제시하지는 않겠다. 궁금하면 앞선 보고서를 비롯, 유망 직업에 대한 보고서를 구글링으로 찾아보라. 하지만 솔직히 보더라도 속시원해지진 않을 것이다.

과거처럼 사회와 산업의 변화 속도가 느렸을 때는 유망 직업 보고서만 믿고 직업을 준비해도 되었다. 지금은 산업과 사회가 너무 빨리 바뀐다. 점점 그 속도가 빨라지다 보니 특정 직업 하나를 정해 그것만 보고 계속 달리는 것보다, 하고 싶은 일이나 분야의 방향만 정한 채 직업은 계속 갈아타는 것이 더 현실적 방법일 수도 있다. 그래서 특정 직업이 아니라, 역할이자 직무를 중심에 두고 직업적 자질을 키워가는게 더 필요하다. 결국 여기서도 학위보단 실력이고, 실질적 업무 스킬이 핵심이다.

분명 일자리는 줄어든다. 하지만 두 분야만큼은 확실히 늘어난다. 하나는 IT 분야다. 모든 산업의 주도권을 가지기도 했고, 향후 점점 더 커질 수밖에 없다. 성장성이 가장 크기도 하다. 다른 하나는 복지와 공공 부문이다. 사람의 일자리가 로봇과 자동화에 대체되어갈수록, 일자리를 잃은 사람들에게 정책적으로 새로운 기회를 인위적으로라도 만들어야 하는데, 복지 분야가 가장 현실적인 선택이다. 세금이 투입되어 일자리도 만들고, 사회에 이득이 되는 건 복지 분야 일자리이기 때문이다. 로봇세를 거둬서 일자리를 잃은 사람을 구제할 때도 그 선택은 복지 분야 일자리를 만드는 것이다. 복지는 결국 공공의 이익이 되는 영역이니까 노인, 사회적 약자를 돌보는 역할부터 삶의 질을 높이는 데 기여할 것이다.

다만 두 분야 사이엔 결정적 차이가 있다. IT 분야 직업에선 부와 지위를 얻을 기회가 크지만, 복지와 공공 부문 일자리는 그렇지 않다는 점이다. 즉 두 분야의 일자리가 상대적으로 늘어나는 건 분명하지만, 일자리 자체를 가지는 것이 목적인지 아니면 일자리를 통해 부와 지위까지 얻는 게 목적인지에 따라서 다를 수밖에 없다.

결국 돈도 잘 벌고 지위도 높은 직업은 소수만 가질 수밖에 없다. 모두가 그렇게 될 수는 없다. 치열하게 경쟁해도 소수만 가질 뿐이다. 미래에도 전문직의 가치는 유효하다. 다만 전문직을 의사, 변호사 같은 국가 고시로 얻는 직업으로만 봐선 안 된다. 특별한 자격이 있고 자기만의 대체 불가성이 있는 것이 전문직이다.

직업을 바라보는 관점에서 다른 태도도 필요하다. 바로 내가 얼마나 즐겁게 할 수 있느냐다. 과거엔 이런 태도를 비현실적이고 낭만적으로만 봤다. 좋은 말이긴 한데 그렇게 하면 성공 못하고 고생만 한다고 보았다. 하지만 로봇과 인공지능이 우리가 알던 좋은 직업들도 대체해가는 마당에, 그 어떤 직업도 미래가 보장되지는 않는다. 유망직업도 시간이 지나면 대체되고 사라질 수 있다. 그러니 그 어떤 직업을 선택하더라도 그 직업 중 최고가 되는 태도를 갖는 것이 더 중요해졌다.

최고가 되려면 결국 미친 듯 몰입할 수 있어야 한다. 게임에 미치도록 빠진 아이가 직업으로서 게이머가 되든, 게임을 만들든, 게임을 마케팅하든 몰입할 수 있는 일을 찾아야 하는 것이다. "아는 자는 좋아하는 자만 못하고, 좋아하는 자는 즐기는 자만 못하다知之者不如好之者, 好之者不如樂之者"는 말이 있다.

베르나르 베르베르는 어려서부터 개미 탐구를 즐긴 덕분에 《개미》라는 독창적인 소설을 쓸 수 있었다. 영화계의 이단아이자 도발적인 발상으로 마니아들의 지지를 받는 영화감독 쿠엔틴 타란티노는 정규 교육으로 영화를 배운 게 아니라 비디오가게에서 일하며 수많은 영화를 탐닉한 덕분에 독특한 색깔을 가진 영화감독이 되었다. 최고의 애니메이션 감독이자 놀라운 판타지를 선사해주는 미야자키 하야오는 어려서부터 만화를 좋아하고 즐겨 읽은 덕분에 애니메이션 분야에서 일을 시작하게 되었고, 좋아하는 일을 열정적으로 하다 보니 세계적인 애니메이션 감독이 될 수 있었다.

세계적 건축가로 건축계의 노벨상이라 불리는 프리츠커상을 받은 안도 타다오는 고졸이다. 대학도 안 나왔고, 건축학과는 더더욱 다닌 적 없다. 트럭운전기사로 일하던 그가 헌책방에서 세계적 건축가 르 코르뷔지에Le Corbusier의 설계도면을 보고 건축의 길로 들어섰다는 일화가 있다. 당연히 그가 가장 존경하는 건축가가 르 코르뷔지에이고 심지어 그의 반려견 이름에 세계적 건축가의 이름을 붙였을 정도다. 전문적으로 건축을 배운 적 없지만, 세계를 여행하며 독학으로 건축을 공부했다. 설계사무소를 내고 건축가의 길에 들어섰고, 결국은 세계적 건축가가 되었다. 이들은 모두 자신이 좋아서 놀이처럼 몰입하던 분야에서 창조적 성과를 냈다.

심지어 요즘에는 과거보다 더 이른 나이에 자신의 가치를 증명하는 이들도 있다. 디지털 네이티브인 Z세대들에겐 나이에 대한 기준이 기성세대와 다를 수밖에 없다. **기성세대가 살았던 과거처럼 공부 열심히 해서 좋은 대학 가고 시험에서 좋은 성적으로 일자리를 얻는 방식을 고집하는 건 난센스다.**

프로게이머 페이커(이상혁)는 2013년 16세에 프로게이머로 데뷔해 현재도 활동 중인 세계 e스포츠 역사에 손꼽히는 선수다. 농구의 마이클 조던, 축구의 메시에 견줄 정도다. 실제로 나이키가 그가 속한 팀과 후원 계약을 맺으면서 페이커를 축구의 호날두, 농구의 르브론 제임스 등 나이키가 후원하는 슈퍼스타처럼 대우했다. 2020년 초에 미국의 ESPN에서 한국의 엘리트 4로 BTS와 봉준호 감독, 축구선수 손흥민, 프로게이머 이상혁을 꼽기도 했다. 그의 연봉은 50억 원 이상으로 알려졌는데, 중국 구단으로부터 100억 원 연봉을 제안받기도 했다. 실제로 중국에는 연봉 100억 원에 가까운 선수가 있다. 이상혁은 고등학교를 중퇴했다. 게임이 좋아서 학교를 중퇴하고 게이머의 길로 들어선 것이다.

요즘 초등학생의 장래희망 직업 상위권에 프로게이머가 있다. 물론 기성세대 중에는 아이들이 프로축구선수, 프로야구선수를 꿈꾸는 것엔 관대하지만 프로게이머를 꿈꾸는 것엔 인색한 이들이 있다. 프로게이머라는 직업을 몰라서 그런 것이다. 자기가 살았던 시대에 겪어보지 못해서 그렇다. 이런 기성세대 부모는 지금껏 그랬듯이 앞으로도, 돈 잘 버는 일자리라며 의사, 변호사를, 안정적 일자리라며 공무원을 아이들에게 주입시킨다. 미래에도 유효할지는 생각도 안 해본 채로 말이다. 부모 말만 믿고 따랐다가 자신이 고생

한다며, 10년 후 부모를 원망하는 자식이 꽤 나오지 않을까?

이미 우리가 살아가는 현실에서 초등학생들이 부모보다 훨씬 돈 잘 벌고 사회적 영향력을 갖는 일도 여럿 있다. 2019년 6월 1일부터 2020년 6월 1일까지 1년간 유튜브에서 가장 많은 수입을 올린 TOP 10에서 1위는 3년째 부동의 1위를 유지하는 미국 소년 라이언 카지Ryan Kaji다. 1년간 2,950만 달러를 벌었다. 한화로 약 320억 원을 번 그는 이제 겨우 아홉 살이다.

1,850만 달러를 벌어 7위에 오른 러시아 소녀 유튜버 나스티야Nastya(아니스타샤 라드진스카야Anastasia Radzinskaya)는 여섯 살이다. 그녀가 다섯 살이던 지난해에는 1,800만 달러로 3위에 올랐다. 다섯 살 아이가 1년에 200억 원을 번다고 하면 말도 안 되는 일이라 생각하겠지만, 그런 일이 현실에서 벌어진다.

라이언 카지는 전년도(2018/2019)에는 2,600만 달러로 1위였고, 전전년도(2017/2018)에는 2,200만 달러로 1위였다. 그가 7~9세 때 3년간 벌어들인 유튜브 수입만 7,750만 달러다. 한화로 850억 원 정도다. 이외에도 장난감 사업을 비롯해 비즈니스를 확장하고, 다른 동영상 플랫폼에서도 활동하는 걸 감안하면 전체 수입은 훨씬 더 많을 것이다.

연간 약 3,000만 달러를 벌어 유튜브에서 가장 많은 수입을 올리는 미국의 아홉 살 소년 라이언 카지. 자신의 콘텐츠를 가진 이들은 나이와 무관하게 직업적 가치를 만들어낸다. (출처 : 라이언 카지 유튜브 채널)

유튜브 수입 TOP 10 중 2명은 10세 미만이다. 나머지는 20~30대가 대부분이다. 유튜버를 직업으로 삼으라고 하는 얘기가 아니다. 자신의 콘텐츠를 가진 이들은 나이와 무관하게 직업적 가치를 만들어낸다. 과거엔 콘텐츠를 만들려고 열심히 공부해서 좋은 대학에 간 후 방송국에 취직했다면 이젠 그 과정이 생략되어도 얼마든지 가능해졌다.

그동안 초중고 12년은 대학 가는 입시공부만 했다. 사실 12년이란 엄청난 시간 동안 아이가 무엇을 좋아하는지, 무엇을 꾸준히 잘할지, 재능과 관심사를 파악하고 찾아내야 한다. 그러면 대학을 갈 때나 전공을 선택할 때, 훨씬 현실적으로 유리한 답을 찾을 수 있다. 12년 혹은 대학 학부까지 16년을 공부에 투자한 목적은 어떤 일을 하고 어떤 성취를 누리며 살아갈지 알아내는 데 있어야 하는데, 지금은 오로지 대학에 가는 것이 목적이 되었다. 즉 '직업'이나 '미래'를 중심에 두지 않고 오로지 '학벌'을 중심에 둔 것이다. 명문대 학위가 일자리를 만들어주거나 인생을 유리하게 만들어주던 시대엔 문제가 없었는데, 이젠 다르다.

과거의 관성만 고집하는 부모들은 반성하자. 무조건 다 바꾸자는 게 아니라, 적어도 관성을 지우고 나서 세상과 미래를 다시 보라. 그런 후에 자식의 미래를 얘기해도 늦지 않다. **공부하지 않는 부모가 변화도 모른 채, 관성에 따라 자식의 미래에 관여하는 게 제일 위험하다.**

지금 아이들의 미래에 첫 직업이나 직장은 말 그대로 첫 번째라는 의미만 있을 뿐이다. 좀 더 과감하고 모험적인 직업을 선택해도 좋다. 젊었을 때 자신의 능력과 가치를 계속 실험하고 확장해야 한다. 이런 과정 없이는 결코 자신이 가장 원하고, 잘할 수 있는 직업을 찾아내기 어렵다.

별 생각 없이 첫 직업과 직장을 선택해 불평 없이 평생 살아가는 건 기성세대 때나 가능하던 얘기다. **하지만 프로페셔널 스튜던트로 살아가는 시대에는 첫 직장도 그다음 단계로 이동하기 유리한 곳을 선택해야 한다.** 첫 직장, 첫 직업으로 평생 가는 게 아니라, 계속 단계를 올려가며 성장해야 하는 것이다. 초등학교를 졸업해야 중학교를 가고, 중학교를 졸업해야 고등학교를 가듯, 직업과 직장도 마찬가지다. 처음 시작에서 완결을 보려 들지 말고, 계속 성장하면서 완결에서 거둘 가치를 높여야 한다.

아이에게 뭐가 되고 싶은지 묻지 말고 무슨 문제를 해결하고 싶은지를 물어보세요. 그럼 대화는, 누구를 위해 일할 것인지에서 문제 해결을 위해 무엇을 배워야 하는지로 바뀝니다.

이는 구글의 교육책임자Chief Education Evangelist 제이미 카삽Jaime Casap이 한 말이다. 사실 이건 아이들에게만 필요한 게 아니라 어른들에게도 중요한 얘기다. 늘 우린 누구를 위해서 일할 궁리만 했다. 직장에 들어가서 일할 때도 그렇고, 창업할 때도 그렇다. 내가 해결하고 싶은 문제, 내가 하고 싶은 일을 우선하는 것이 필요하다. 남이 가는 길이 좋아 보인다고 무작정 따라가거나, 사회가 유망하다고 하는 정보에만 의존하는 사람은 오래 일하기도 어렵고, 최고가 되기도 점점 어려워진다. **무난하고 보편적인 실력으론 로봇과 일자리를 두고 싸워서 결코 이길 수 없다.**

당신은 로봇과
싸우는 게 아니라
언오리지널과 싸워야 한다

로봇이 일자리를 빼앗는 것에 대한 두려움을 가진 직장인들은 계속 늘어간다. 20~30대가 이런 두려움을 많이 가지는데, 40~50대는 덜하다. 그건 40~50대가 준비가 되어서가 아니라 자신들의 역할이 어차피 곧 끝날 텐데 지금 뭘 새로 준비하겠냐며 변화를 애써 외면해서다. 100세 시대를 살아가는 사람들은 70대까지, 아니 그 이상도 사회적 역할을 가져야 한다. 점점 육체노동이 아닌 지식노동의 비중이 높아지는 시대다.

자신만의 오리지널Original을 가진 이들은 나이가 많아도 기회가 계속 이어진다. 결국 우린 로봇이 아니라 언오리지널Unoriginal과 싸워야 하는 것이다. 로봇과 싸운다고 생각하면 로봇에 대한 피해의식뿐만 아니라 공포와 불편한 시선을 갖게 된다. 자신의 경쟁력과 가치를 따지지 않고, 로봇이라는 외부 요인만 보는 것이다. 분명 로봇이 우리 일자리를 대체하기는 하지만, 로봇이 대체하지 못하는 사람들은 로봇을 경쟁 상대로 여기지 않는다. 경쟁은 자신이 가진 능력, 즉 어제의 내가 공부를 해서 좀 더 달라진 내일의 나와 경쟁해야 한다.

효율성이 중요해지는 시대에 전문성 없는 사람은 결코 로봇을 이길 수 없다. **당신이 원하지 않더라도 효율성 중심의 디지털 환경이 우리의 업무 환경을 장악할 것이다.** 더 효율적이고 생산적이며, 결정적으로 비용에서도 이득인데 로봇이나 자동화를 쓰지 않고 사람 노동력을 고집할 기업이 미래에 얼마나 있을까? 미래는 전면적 디지털화에 따른 효율성과 생산성의 시대다. 교육이든 노동이든 방향이 바뀔 수밖에 없다.

'비대면'과 '원격'은 가장 중요한 키워드다. 이 두 가지 키워드의 핵심 배경은 바로 디지털이다. 원격교육이 확산될수록 효율성과 생산성 중심이 될 수밖에 없고, 결국 자기가 주도적으로 공부할 수 있는 사람과 강제로 통제되고 독려되어야 공부하는 사람의 차이는 더 커질 수밖에 없다. 잘하는 사람과 못하는 사람의 격차가 더 커지는 건 당연하다. 물론 공교육의 역할도 제한적일 수밖에 없고, 입시 중심의 사교육은 점점 소멸될 수밖에 없다. 앞으로는 실력과 기술을 키우는 교육, 인성과 리더를 키우는 교육이 강화될 수밖에 없다.

대학의 원격교육이 확산되면 경쟁력 없는 대학의 붕괴는 가속화된다. 대학 학위가 취업에 미치는 영향이 줄어들고 기존 대학 학위를 대체할 새로운 교육의 수요가 커지는 것도 대학의 붕괴를 가속화시킨다. 결국 과거의 영광은 사라지고, 꽤 많은 대학이 없어질 것이다. 남은 대학도 일부 핵심 전공을 제외하고는 4년제 학위 중심에서 벗어나 빨리 배워 바로 실무에 적용할 수 있는 마이크로 칼리지가 될 것이다.

원격근무가 확산될수록 경쟁력 없는 직장인의 구조조정도 빨라질 것이다. 업무 성과와 결과물을 관리하고 평가하는 것도 경쟁력 없는 직장인이 설 자리를 잃게 한다. 로봇과 인공지능, 자동화가 사무직, 서비스직, 생산직의 업무 효율성과 생산성을 높여줄수록 노동력 대체에 따른 일자리 감소는 가속화될 수밖에 없다.

교육 방식, 일하는 방식의 변화는 평균적 인재가 아니라, 상위 인재 중심의 세상을 만든다. 격차는 더 벌어지고, 경쟁도 더 치열해진다. 앞으로 다가올 미래를 위해 당신은 스스로를 어떤 인재로 키워낼 것인가? 어떤 공부를 해서 치열한 경쟁에서 우위를 가질 것인가? 이건 당신이 선택할 몫이다.

능력 있는 자와 그렇지 못한 자, 살아남을 자와 그렇지 못한 자, 안타깝지만 이미 현실이 된 미래다. 팬데믹 기간 중 질병과 감염의 공포, 죽음과 생명 등에만 관심이 쏠려 있느라 산업적, 기술적, 사회적 변화와 혁신이 얼마나 가속화되었는지 미처 보지 못한 이들이 많다. **팬데믹은 우리의 현재만 두렵게 만든 게 아니라, 미래를 앞당긴 결정적 계기로 작용했다. 교육과 일하는 방식의 급진적 혁신이 결국 우리의 일자리, 우리의 생존에 직접적 영향을 미치기 때문이다.**

무난하게 중간 가는 인재는 더 이상 필요 없다. 기존의 교육이 그런 인재를 키워냈고, 기업에서도 그런 인재가 직원으로 필요한 시절이 있었다. 하지만 이젠 그런 인재라면 로봇을 대신해서 쓸 이유가 별로 없다. 당신은 얼마나 대체 불가한 존재인가? 당신은 고유하고 독창적 존재인가, 아니면 흔하고 보편적 존재인가?

이 질문에 대한 답을 위해 미국의 한 소년의 사례를 소개한다.

양아버지의 영향으로 어릴 적부터 뭔가 만들고 조립하는 것에 익숙했고, 이는 전자제품을 만드는 엔지니어링에 대한 관심과 호기심으로 이어졌다. 어린 시절 마운틴뷰(훗날 실리콘밸리라 불리게 되는 지역의 중심 지역)에 살았던 덕분에 주변의 엔지니어들과 교류할 기회가 많았고, 세계 최고의 IT 기업으로 성장할 회사들도 보면서 자랐다. 자연스럽게 그에게 IT는 가장 흥미롭고 재미있는 관심사가 될 수밖에 없었고, 컴퓨터도 전 세계 누구보다도 더 빨리, 더 많이 쓸 수 있는 환경을 가졌다.

음악과 예술에 관심이 많았고, 대학에서 청강으로 디자인과 캘리그라피Calligraphy를 비롯해 자신이 관심 있는 수업을 듣기도 했다. 정작 다니던 대학은 중퇴를 했다. 그는 자기 집 창고에서 스타트업을 창업했다. 세계 최초의 퍼스널 컴퓨터를 만드는 회사인 애플의 시작이다.

IT 엔지니어지만 디자인적 사고에 흥미가 있어서 관련 분야를 혼자 공부하기도 했는데, 덕분에 최초의 퍼스널컴퓨터인 맥킨토시를 만들 때 기능적 접근 외에 화면의 사용성과 시각도 중요하게 고려했다. 애플 컴퓨터에서 이어져온 디자인과 사용성, UX(사용자 경험)가 아이팟, 아이폰, 아이패드를 거치면서 애플의 중요한 경쟁력이자 매력이 되고 있다. 음악과 예술에 관심이 많았던 스티브 잡스는 아이팟과 아이튠즈를 만들 수 있었고, 디자인에 대한 관심으로 애플의 하이테크 제품이 탁월한 디자인 매력도를 가질 수 있었다. 결국 스티브 잡스의 관심사에 따른 경험이 곧 그가 한 새로운 창조에서 중요한 단서들이 되어주었다.

관심도 없는 데서 절대 호기심이 나올 수 없고, 재미가 없는 것에서 절대 혁신적인 발견이나 질문을 이끌어내지 못한다. 미쳐야만 미친다. 흥미롭게도 빌게이츠, 마크 주커버그, 일론 머스크도 그렇고, 우리가 알고 있는 유명 글로벌 IT 기업의 창업자들은 스티브 잡스의 사례와 비슷한 점들이 많다. 좋아하는 것, 관심 있는 것에 집중할 기회가 상대적으로 많았다는 사실이다. 자신이 풀고자 하는 문제에 집중하는 사람들이었고, 사회가 정한 보편적 룰에 구애받지 않았다.

창의력은 결국 고유의 능력이다. 바로 오리지널이 되는 것이다. 좋아서 깊이 몰입하지 않으면 오리지널이 될 수 없다. 공교육과 사교육에서 점수 잘 받는 식의 공부로는 언오리지널이 될 뿐이다.

우린 한 번뿐인 인생을 산다. 자기가 하고 싶은 것을 하며 자기가 원하는 인생을 살아갈 권리가 있다. 우린 누구나 세상에 하나뿐인 특별한 존재다. 자기만의 인생, 자기만의 길을 갈 권리가 있다. 그러기 위해서라도 대체 불가한 자기만의 능력을 만들어야 하고, 그러기 위해서라도 정말 자기가 관심 있고 좋아하는 것을 사슬처럼 연결해야 한다. 이것이 취업 시험, 대입 시험에선 힘을 발휘하지 못할 수 있지만, 창업을 하거나 진짜 비즈니스 현장에서 일할 때는 중요한 무기가 된다. 결정적으로 로봇과 싸워서 끝까지 살아남을 인재로서의 조건이 된다.

2040년, 아주 먼 미래 같은가? 지금 중고등학생인 자녀가 2040년이면 30대 중후반이다. 2050년이라고 해도 그들에겐 겨우 40대일 뿐이다. 로봇에 밀려나 일자리가 사라지기엔 남은 인생이 너무 많은 나이다.

프로페셔널 스튜던트가 되어 스타트업하라!

과거에는 '좋은 곳에 취업하라'가 화두였다. 이젠 '창업해서 세상에 없는 걸 만들어라'가 화두다. 똑똑한 아이일수록 의대에 보내고, 고시에 매달리고, 대기업에 들어가는 게 당연하다고 여기는 부모들이 여전히 많은데, **진짜 똑똑한 아이들은 스타트업 창업을 해야 한다.** 의사가 사람을 살리고, 판사가 정의를 지키고, 고위공무원이 나라살림을 하고, 교수가 후학을 양성하는 것 모두 중요한 일이다. 이런 일은 대개 똑똑한 아이들이 좋은 대학을 가고 시험을 쳐서 이뤄진다. 그런데 이정도의 똑똑한 아이라면 더 중요한 일에 관심을 둬야 한다.

스타트업 창업가는 일자리를 만들어내고 미래를 개척해 낸다. 그게 가장 고부가가치이며 미래지향적인 일이기 때문이다. 우리나라도 점점 사업하기 좋은 환경으로 개선되고 있다. 청년창업에 대한 투자도 확대되고 인프라도 좋아지고 있다. 미국에서 신흥 부자들은 실리콘밸리를 비롯 스타트업 창업자들에게서 쏟아지는 것을 봐도 알 수 있다. 아이가 꿈이 크고 똑똑하다면 그를 창업가가 되도록 키우는게 어떨까? 그게 부모가 아이에게 줄 수 있는 가장 크고 값진 선물이 아닐까?

세상(지구의) 모든 사람들과 조직(기업)이 더 많은 것을 이룰 수 있도록 해주자. - 마이크로소프트

사람들에게 공유하는 힘을 주고, 세상을 더 오픈되고 연결되게 하자. - 페이스북

세계의 전문직들을 연결하여 그들을 더 생산적이고 성공하게 하자. - 링크드인

어디에서나 내 집처럼 사용할 수 있는 세상을 만들자. - 에어비앤비

지구상에서 가장 고객 지향적인 회사가 되자. - 아마존

지속 가능한 에너지로의 세계적 전환을 가속화하자. - 테슬라

스타트업에서 시작해 혁신의 힘으로 단숨에 세계 최고 기업 반열에 올라선 글로벌 IT 기업들의 미션을 보면 흥미롭다. 그들이 사업을 한 이유이자 비전이 곧 세상을 바꾸는 것이기 때문이다. 스타트업은 취업을 대신 하는 선택도 아니고, 돈 벌기 위한 수단도 아니다. 궁극적으론 세상을 바꾸는 일이다.

자기 자신보다 뭔가 더 큰 것을 이루려는 야망을 가질 때 비로소 진정한 잠재력을 실현하게 될 것이다.

이는 흑인 최초의 미국 대통령이 된 버락 오바마Barack Obama의 말이다.

DJI 창업자이자 CEO인 프랭크 왕Frank Wang은 초등학생 때 부모를 졸라 고가의 모형 헬기를 구입할 정도로 모형 비행기에 빠진 소년이었다. 당시 모형 헬기는 중국 직장인 평균 월급의 7배 정도였다고 하니, 얼마나 강력하게 졸라댔는지 짐작이 간다. 물론 부모가 모형 헬기를 가지고 놀 시간에 입시공부만 하라고 했다면 그의 인생이 달라졌을지도 모른다. 그는 항저우에서 태어났으나 어린 시절 선전으로 이사를 갔다. 이사는 그의 부모가 선택한 일인데, 공교롭게도 그

세계 상업용 드론 시장에서 압도적 점유율을 자랑하는 DJI 창업자이자 CEO 프랭크 왕Frank Wang. 초등학생 때 부모를 졸라 고가의 모형 헬기를 구입할 정도로 모형 비행기에 빠진 프랭크 왕은 25세 때 DJI를 창업해 드론으로 세상을 바꾸고, 억만장자가 되었다. (출처 : 연합뉴스)

곳이 중국 제조업의 메카인 선전이었다.

그는 사범대를 다니다 적성에 맞지 않아 중퇴하고 홍콩 과학기술대에 로봇 전공으로 재입학한다. 졸업 과제로 만든 자동 헬리콥터 조정기로 2005년 홍콩 로봇경진대회에서 1등을 했고, 2006년 대학 졸업 후 선전에서 DJI를 창업했다. 그의 나이 25세 때였다. DJI는 세계 상업용 드론 시장에서 점유율 75~80%인 압도적 기업이다. 세계 상업용 드론의 표준 기술 대부분을 DJI가 가지고 있다.

직원만 1만 4,000명 정도다. DJI가 구체적 판매 대수와 매출을 공개하진 않았지만, 매출은 2016년에 10억 달러를 넘었고, 2018년에 40억 달러 정도였으니 지금은 그보다 더 큰 규모가 되었을 것이다. 팬데믹으로 드론 분야도 수혜를 보고 있다. 〈포브스〉는 프랭크 왕의 자산을 48억 달러(2020년 12월 기준)로 평가하고 있다. 모형 비행기에 빠진 소년이 드론으로 세상을 바꾸고, 자신은 억만장자가 되었다.

1992년생 팔머 럭키Palmer Luckey는 2012년 오큘러스VR을 창업한다. 그리고 2014년 그가 만든 회사는 페이스북에 23억 달러(2조 5,000억 원)에 인수된다. 22세에 억만장자가 된 것이다. 팔머 럭키는 컴퓨터게임, 비디오게임에 빠진 게임광 소년이었다. 영화 〈매트릭스〉를 보며 가상현실에 빠지게 되었다고 한다. 그는 학교를 다니지 않고 홈스쿨링을 했는데, 14세부터 가상현실 제품을 만드는 실험을 시작했다. 이후 킥스타터에서 개발 비용 25만 달러를 모으기 위해 펀딩을 했는데 무려 240만 달러를 모은다. 그렇게 그는 오큘러스VR을 창업하게 되었고, 전 세계에서 가장 유명하고 많이 팔린 VR기기를 만들었다.

게임광이었던 소년이 VR 산업을 주도했고, 그의 회사를 인수한 페이스북이 VR을 미래 먹거리로 보고 계속 투자하고 있다. 더 많은 오큘러스VR 기기들이 팔릴 것이란 얘기다. 만약 14세 소년이 가상현실 제품 만드는 실험을 하는데 부모가 못하게 했다면 어땠을까? 실험을 위해 필요한 장비나 돈을 지원해주지 않고, 입시공부만 하라고 학원에 보냈다면 어땠을까?

우버를 창업한 트래비스 칼라닉Travis Kalanick은 18세에 처음 사업을 시작했다. 미국의 수학능력시험인 SAT 학원을 차렸는데, SAT를 앞둔 후배에게 수학을 가르쳤다가 점수가 단기간에 400점 이상 오른 것이 알려지면서 자의반 타의반으로 소위 쪽집게 학원을 차리게 되었다. 흥미로운 건 이 학원을 한국인과 공동 창업했다는 점이다. 지극히 한국적인 비즈니스로 시작했지만, 그다음부터 그가 주목한 사업들은 한결같이 인터넷 기반의 공유 비즈니스가 많았다.

본격적인 IT 창업이라 할 수 있는 스카우어Scour는 음악과 비디오 공유 서비스 사업인데, UCLA에서 컴퓨터공학을 전공하다 학교를 그만두고 1998년 시작했다. 1,500만 달러 이상을 투자유치하며 사업은 확장되었지만, 냅스터 같은 경쟁사의 등장과 콘텐츠 기업들의 잇달은 소송으로 결국 파산했다.

하지만 곧이어 2001년에 레드 스우시Red Swoosh라는 파일 공유 서비스 사업을 공동 창업했다. 그런데 이 사업에서도 내부 문제를 겪으며 어려움에 처했다. 다행히 네트워크 컴퓨팅 기업 아카마이Akamai에 레드 스우시를 2,300만 달러에 매각하며 큰 돈을 벌었다. 이를 기반으로 창업한 회사가 바로 우버다. 트래비스 칼라닉은 이른 나이에 창업하고, 실패도 도전도 많이 했다. 우버의 성공 이면에 물의도 많이 일으켰지만, 그가 좋은 경영자인지 나쁜 경영자인지, 좋은 사람인지 나쁜 사람인지는 이 대목에선 중요하지 않다. 적어도 그를 그대로 따라 살자는 게 아니라, 창업을 대하는 태도만 참고하자는 것이다.

액션캠의 대명사인 고프로GoPro를 창업한 닉 우드먼Nick Woodman은 서퍼였다. 서핑에 미친 사람, 즉 서핑 덕후라고 할 수 있다. 호주 서핑 여행에서 파도를 타는 자신의 모습을 카메라에 담고 싶었던 닉 우드먼은 손목 스트랩을 만들 수 있다면 서퍼들이 쉽게 자신의 모습을 찍을 수 있을 것이라고 생각하며 27세인 2002년에 창업했다.

연구 끝에 2004년 손목에 착용할 수 있는 35mm 필름 기반 카메라를 처음 출시했다. 이후 발전을 거듭해 2010년 고프로 최초 고화질HD 카메라이자, 착용 및 장착 가능한 히어로HERO를 출시하면서 액션캠의 새로운 시대를 열게 된다. 서핑광이 새로운 카메라를 만든 셈이다. 이후 경쟁사가 난

무해 잠시 위기를 맞았지만, 결국 극복해내고 성장하고 있다. 고프로는 나스닥에 상장되었으며 시가총액은 12억 달러가 넘는다. 2019년 연매출이 12억 달러 정도고, 직원은 1,000명 정도다. 그가 창업으로 1,000명의 일자리와 조 단위의 회사를 만들어낸 것이다.

닉 우드먼은 여전히 CEO로 일하고 있다. 창업이 가진 가치가 이렇게 강력하다. 큰 돈을 벌기만 하는 게 아니라, 세상을 바꾸고, 수많은 일자리도 만든다. 그리고 결정적으로 자신의 가치도 세상에 증명한다.

그리고 스타트업은 청년들만의 얘기가 아니다. 스타트업 하기 가장 좋은 나이가 40대이기도 하다. 40대라면 아마 10년 이상의 실무 경력이 있고, 다양한 문제를 겪어보고 위기도 넘어봤을 것이다. 경험이나 인맥도 쌓았을 테니 대학생 혹은 대학 졸업하고 바로 시작하는 창업자들에 비해 노련함이나 업무 실력에선 유리하다.

실제로 실리콘밸리나 뉴욕에서 벤처캐피탈의 투자를 유치한 스타트업의 창업자 평균 나이가 30대 후반에서 40대 초반이다. 그러니 스타트업은 젊은이나 어른이나 다 중요하게 생각해볼 화두다. 특히 새로운 변화를 계속 공부하며 대응하는 사람들이라면 스타트업을 통해 자신의 가치를 증명하는 도전을 해봐야 한다. 그런 도전 없이 시간을 보낸다면 분명 나중에 후회한다. 누군가 탁월한 스타트업을 만들어 큰 성공을 거두는 걸 보면서 '아, 저런 사업 내가 예전에 생각했는데' 하면서 배 아파하는 게 가장 못난 짓이다. 도전 없이는 기회도 없다.

〈포브스〉는 샤오미Xiaomi 창업자이자 CEO인 레이쥔Lei Jun의 자산을 300억 달러(2020년 12월 기준)로 평가했다. 전 세계에서 43위 부자다. 샤오미의 2020년 3분기 매출액은 722억 위안(약 12조 2,000억 원)으로 전년 동기 대비 34.5% 늘었다. 2019년 연매출이 2,058억 위안(약 35조 4,000억 원)이고, 이는 2017년보다 17.7% 증가한 것이다. 2020년 팬데믹 상황에서도 성장세가 이어졌다. 2020년 매출액은 역대 최고로 예상된다.

이런 샤오미를 창업한 건 2010년, 레이쥔이 41세 때였다. 그는 21세이던 1990년에 소프트웨어 스타트업을 창업했다. 사실 레이쥔은 IT 얼리어답터였고, 우한 전자상가의 단골손님이자 발품 팔아서 익힌 전문성으로 이미 우한 전자상가에선 유명했다. 대학에서도 컴퓨터공학을 전공했다. 물론 첫 창업은 실패했지만, 1992년 킹소프트라는 소프트웨어 전문 벤처기업에 프로그래머로 합류해 입사 6년 만에

CEO가 된다. 킹소프트는 2007년 홍콩 증시에 상장되었는데 그 후 그는 바로 사표를 썼다.

아이폰 출시 후 모바일 시대가 대세가 될 것이라고 확신한 그는 엔젤투자자로 변신해 250여 개 스타트업들의 창업을 지원했고, 2010년 7명의 핵심 멤버로 샤오미를 창업했다. 레이쥔이 중심이 되어, 마이크로소프트와 구글을 거친 소프트웨어 엔지니어 린빈, 모토로라 수석 엔지니어 출신의 하드웨어 전문가 저우광핑, 킹소프트에서 10년 넘게 한솥밥을 먹은 프로그래머 리완창, 구글차이나에서 R&D 팀을 이끌었던 홍펑, 마이크로소프트 수석 엔지니어 황장지, 베이징 과학기술대 공업디자인과 학과장 류더 등 이들 7명 모두 10년 이상의 경력자이자 평균 연령이 40세가 넘는다. 풍부한 경험과 경력을 갖춘 전문가들의 참여는 창업에서 성공 가능성을 높이는 요인이 된다.

블룸버그의 기술투자 펀드 블룸버그 베타는 UC버클리 하스경영대학원과 함께 2005년 이후 실리콘밸리와 뉴욕에서 창업한 스타트업/IT 사업가들을 조사했다. 창업을 시작한 평균 나이가 38세다. 40세 이상은 전체 38%나 되었다. 평균 학력은 석사 이상이었고, 창업 전 근무 경력은 16년이었다. 나이와 경력을 무시하지 못한다. 경험에서 얻는 실력이 있기 때문이다.

미국 엔젤투자사 퍼스트 라운드First Round가 10년간 스타트업에 투자한 결과에 따르면, 명문대나 대기업 출신 창업 멤버가 포함된 스타트업은 다른 곳보다 성과가 배 이상 높은 것으로 나타났다. 미국 명문대인 스탠퍼드대, MIT, 캘리포니아공대 등 아이비리그 졸업생 출신 창업 멤버가 속한 스타트업은 다른 곳보다 성과가 220% 더 좋았다. 퍼스트 라운드의 포트폴리오사 중 38%는 아이비리그 출신 창업 팀이었다. 아마존, 애플, 구글 등 대기업 출신 멤버가 속한 창업 팀의 성과도 다른 팀에 비해 160% 높았다. 또한 초기 투자 시 기업가치 산정에도 다른 스타트업에 비해 50% 이상 높게 책정됐다. 네트워크, 기본 실력 등이 고려된 것으로 풀이된다.

물론 이런 이유가 명문대를 가야 하는 이유는 아니지만, 좋은 곳에 취업하려고 가는 것보단 창업에 유리하려고 명문대 가는 게 훨씬 효과적이다. 하지만 주의할 점은 이 또한 과거 얘기라는 것이다. 명문대 출신이라는 것보다 실무 경험과 경력이 더 중요하다. 이건 대기업에 가야 하는 이유도 마찬가지다. 연봉 많이 받고, 오래 안정적으로 일하려고 대기업 가는 것보다는 나중에 창업에서 유리한 경쟁력을 쌓기 위해 대기업 가는 게 더 필요한 목적이다. **중요한 건 계속 공부하는 사람은 나이가 들어도 도전하게 되고, 그 도전이 기회를 만들어준다는 점이다.** 40대뿐 아니라 50대도 능력만 있다면 스타트업에 도전해야 한다. 자신이 쌓아온 경력과 경험이 있고, 아울러 계속 공부하는 프로페셔널 스튜던트라면 취업보다는 창업이 미래를 만드는 최선의 길이다.

프로페셔널
스튜던트를
위한

진짜 공부는
무엇일까

Part 4

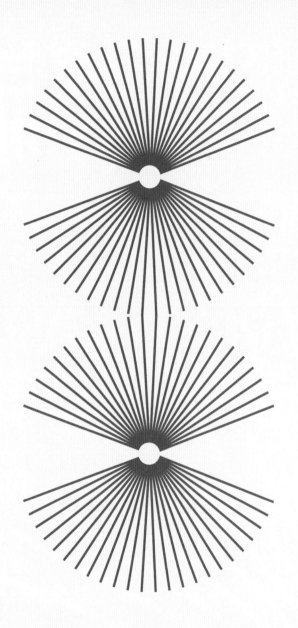

지금 당신에겐
언러닝이 필요하다

21세기 문맹은 읽고 쓸 수 없는 사람이 아니라, 배운 것을 잊고 다시
배우기를 못하는 사람이 될 것이다.

이 말은 앨빈 토플러가 했다. 언런Unlearn과 리런Relearn 모
두 우리가 갖고 있는 지식과 학습에 대한 부정이다. 둘은 서
로 연결된다. 배운 걸 잊어버리고 끝나는 게 아니라 새로운 걸
다시 배워야 한다. 뉴노멀 시대에 더더욱 실감하게 되는 말이자,
프로페셔널 스튜던트가 되는 것이 21세기의 필수임을 예고한 말
이기도 하다.

학습Learning의 반대말은 망각Unlearning일 텐데, 사실 이 둘은 사전적으론 반대가 맞지만, 둘 다 공부의 방법이다. 언러닝Unlearning은 혁신적인 솔루션을 찾을 때 더더욱 필요하다. 배운 것, 아는 것이 관성이 되어 새로운 답을 찾는 걸 방해한다. 새로운 변화 대신 기존 상태를 유지하려는 구조화된 관성이 조직 내에 존재하기에, 기업 운영에서 "학습Learning 못지않게 망각Unlearning이 중요하다". 이는 경영구루이자 조직이론 분야의 세계적 석학인 헨리 민츠버그Henry Mintzberg 교수의 말인데, **변화 대신 기존 상태를 유지하려는 관성은 조직이 아닌 우리 스스로에게도 나타난다. 특히 지위와 나이, 이미 가진 것과 쌓아놓은 것이 많을수록 이런 관성이 강해진다.**

그러다 보니 CEO나 리더들 중 망각을 잘 못하는 이들이 꽤 있다. 과거에 성공한 방식, 자신이 검증한 방식에 대한 미련을 쉽게 버리지 못한다. 뉴노멀 시대의 가장 큰 적이 바로 그런 태도다. 뉴노멀 시대에는 새로운 것과 익숙한 것이 서로 상충하는 경우가 많다. 이런 상황에서 익숙한 것의 손을 들어주는 경우가 생길 수 있는데, 결국 새로운 변화를 받아들이는 걸림돌이 바로 과거의 경험이자 지식이다. 새로운 것을 받아들이려면 과거를 버려야 한다. 과거를 버릴 수 있는 건 용기다. 계속 공부할 수 있는 용기, 그것이 있어야 오래 살아남는다.

　이 책을 읽는 독자는 대개 지식노동자이거나, 지식노동자가 되려는 사람일 것이다. 지식노동자는 지식이 곧 자신의 주요 자산이 되는 사람을 일컫는데, 교수나 건축가, 의사, 과학자, 변호사, 회계사, 디자이너, 경영자 모두가 지식노동자인 셈이다. 생산직 노동자나 서비스직 노동자, 일반 사무직 노동자도 분명 가치 있는 일을 하지만 로봇과 자동화로 대체될 가능성이 그만큼 높다. 지식노동자는 그보다는 좀 더 오래 직업적 가치가 유효할 것이다. 프로페셔널 스튜던트는 지식노동자에게 특히 필요하다.

　지식노동자Knowledge Workers란 말을 처음 만들어 쓴(1959년) 사람은 현대 경영학의 아버지라 불리는 피터 드러커다. 그는 미래를 지식사회Knowledge Society로 규정하고, 지식노동자는 공부를 중단해서는 안 된다고 믿었으며 실제로 그 자신이 그렇게 살았다. 사실 피터 드러커는 평생 프로페셔널 스튜던트였다. 3년마다 한 가지 분야를 선택해 집중적으로 공부했는데, 경영학, 경제학, 사회학, 정치학, 통계학, 소설, 아시아 역사, 미술 등 평생 16개가 넘는 분야를 연구했다고 한다. 경영은 아주 복잡한 연구 분야이다 보니 그가 공부한 것들이 서로 연결되며 더 깊이 있고 스펙트럼 넓은 인사이트를 찾을 수 있었던 셈이다. 심지어 2004년에는 명나라 미술을 공부했는데, 1909년생인 그는 2005년에 별세했다. 피터 드러커는 이런 말도 남겼다.

예전에는 어느 대학을 졸업했는지, 어디에서 유학했는지가 교육받은 인간의 지표였지만, 현대사회에서 지식은 바로 진부해지고 만다. 지금은 끊임없이 공부하는 사람이 아니면 교육받은 인간이라고 할 수 없다.

우리는 지금 지식사회에 살고 있다. 100세 시대에 살고 있기도 하다. 길어진 수명만큼 일할 수 있는 나이도 더 길어져야 한다. 지금도 지식노동자의 사회적 지위가 높지만, 미래에는 더할 것이다. 아니 지식노동자니까 그나마 미래에도 일할 수 있는 사람이 된다. 육체노동은 노동력이 나이와 비례하지만, 지식은 그렇지 않다. 직장에서의 정년은 있어도, 지식노동자는 정년이 없다. 실력만 있다면 계속 활동할 수 있다. 결국 죽은 과거의 지식이 아니라 계속 살아 있는 지식을 가지기 위해선, 언러닝과 리러닝을 해야 한다. 가진 것을 버리는 용기, 그것이 계속 성장하는 이들의 무기다.

새로운 정상(표준)이라는 뉴노멀New Normal의 반대말은 과거의 정상(표준)인 올드노멀Old Normal이 아니라 비정상을 뜻하는 앱노멀Abnormal이다. **과거의 노하우, 과거에 통했던 모든 정상과 표준, 기준들이 새로운 시대엔 모두 바뀔 수 있다. 그럼에도 과거를 붙잡고 미련을 버리지 못하는 사람은 비정상이자 도태 0순위다. 과거를 망각**Unlearning**하는 게 지금 필요한 새로운 공부**Learning**다.**

미래엔
리더를 키우는
공부만 남는다

공부 잘하는 학생이란 복종을 잘하거나 제도에 순응하는 사람을 의미할 뿐이다. 지금의 교사들은 아이들의 재능을 키운다고 스스로 생각할지 모르지만 실제로는 아이들 재능을 다 망치고 있다.

이 말은 독일의 트렌드 전문가이자 미래학자인 마티아스 호르크스Matthias Horxs가 했다. 그는 한국은 아직까지 모든 학생이 똑같은 목표(대학)를 향해 달려가는 지나치게 단순화된 교육모델에 머물러 있다고 지적했다. 마티아스 호르크스는 1999년에 미래 예측 싱크탱크인 '미래연구소'를 설립했으며, 글로벌 기업들에게 컨설팅을 하고, 유럽의 정치, 경제 정책에 영향을 미치는 유럽 최고의 미래학자로 손꼽히는 인물이다.

학업성적이란 배운 것을 이해하는 수동적인 인식을 말한다. 그러나 중요한 것은 스스로 해결책을 찾아내는 능동적인 인식이다.

이 말은 2002년 노벨물리학상을 수상한 고시바 마사토시小柴昌俊가 한 것이다. 그의 도쿄대 졸업 성적은 16과목 중 14과목이 '양'과 '가'라고 한다.

우리나라는 세계적으로 IQ가 높고, 학습능력이 세계 최고인데도 과학 분야의 노벨상 수상자가 전무하다. 글로벌 기업으로 우뚝 선 우리나라 기업들이 여럿 있지만 아직 가장 부족한 것이 기업의 창조력이다. 뒤따라가거나 흉내내는 건 아주 잘하는 데 반해 새로운 걸 창조하는 방면에선 아쉽다. 과거를 복제하고 이해하는 능력은 최고인데, 새로운 것을 창조하거나 발견하는 능력에선 경쟁력이 별로 없다는 얘기다. 과거엔 학습능력이 중요했지만 미래엔 창조능력이 더 중요한데, 그런 점에선 우리 아이들의 미래에 먹구름이 끼어 있는 셈이다.

공교육이든 사교육이든 모두 공부 잘하는 사람만 키워왔다. 입시에서 좋은 점수 받는 능력만 키웠고, 그것이 교육의 핵심 목표였다. 하지만 그 목표로는 결코 리더를 키울 수 없다. 좋은 점수 받는 능력도 미래엔 큰 의미가 없고, 무난하고 평균적 시각을 갖춘 사람은 결코 탁월해지지 못한다. 로봇과 인공지능은 일자리만 대체하는 게 아니라 정치, 경제, 사회에서 차지하는 비중과 영향력도 커진다. 결국 리더는 로봇과 인공지능을 비롯한 기술을 통제하고 관리할 수 있는 사람이어야 한다. 로봇도 사람이 통솔하는 대상이다. 미래 리더는 사람뿐 아니라 로봇마저도 통솔하고 관리해야 하는 셈이다. 그렇게 하기 위해서라도 리더는 세상을 제대로 봐야 한다.

로봇과 자동화로 일자리가 줄어들 것이고, 정부는 이들을 위해 임금(기본소득이나 유사한 형태의 소득)을 지불해야 할 것이다. (결국 이를 위해 로봇에 세금을 부과해야 한다.)

이는 일론 머스크Elon Musk가 2016년 11월, CNBC 인터뷰에서 한 말이다. 일론 머스크는 기본소득을 주장하는 비즈니스 리더 중 한 사람인데, 그의 기본소득은 로봇세와 연결되어 있다. MS 창업자 빌 게이츠, 페이스북 CEO 마크 주커버그, MS CEO 사티아 나델라Satya Nadella 등이 로봇세에 옹호적 발언을 한 대표적 비즈니스 리더들이다.

로봇이 사람의 일자리를 빼앗아갈 것이다. 로봇을 활용하는 기업에 노동자의 소득세 수준의 세금을 부과해야 한다. 이 세금을 노인복지와 아동교육 등에 쓸 수 있다. 로봇 때문에 일자리를 잃은 사람들을 재교육해 사회복지나 아동교육 분야에서 다시 일할 수 있도록 해 세금으로 임금을 줄 수 있다.

이는 빌 게이츠Bill Gates가 2017년 2월, QUARTZ 인터뷰에서 한 말인데, 이로 인해 로봇세 논쟁은 더 확산되고 활발해졌다. 흥미롭게도 산업, 기술 분야의 리더들이 로봇세와 기본소득을 주장한다. 이 문제는 앞으로 점점 중요한 논의가 될 것이다. 아이들과 부모가 함께 토론해볼 좋은 주제이기도 하다.

자동화와 로봇에 의한 일자리 대체는 이미 현실이 되었고, 로봇세 논의도 현실이 되었다. 노동자가 일을 하며 임금을 받으면 소득세를 내듯, 로봇이 노동자를 대체해 일을 하고 기업에 이윤을 만들어내면 소득세에 준하는 세금을 로봇에게도 부과해야 한다는 것이 로봇세를 주장하는 이들의 입장이다. 물론 로봇세를 반대하는 입장에선 자칫 로봇세가 로봇산업 발전에 걸림돌이 될 수 있다고 주장하고, 로봇은 인격도 권리도 의무도 없는데 어떻게 사람처럼 세금을 부과하느냐고 주장하기도 한다. 그런데 이런 반대 주장은 로봇을 통해 이득을 보는 이들의 입장이다.

2016년 유럽의회는 로봇세를 도입하기 위한 초안 작업에 착수했고, 2017년 2월 로봇의 법적 지위를 'Electronic Person'으로 지정하는 결의안을 통과시켰다. 즉 로봇에 인격을 부여해 소득세를 거둘 수 있는 기반을 확보한 셈이다. 2017년에 샌프란시스코 행정집행위원회Board of Supervisor 위원인 제인 킴Jane Kim이 '미래의 직업 펀드Jobs of the Future Fund' 캠페인을 시작했는데, 자동화 혁명에 따른 대응과 로봇세 도입 등을 캘리포니아주 차원에서 연구하는 캠페인 조직이다. 로봇세가 정치권에서 당장 적용되는 이슈는 아니지만 분명 가까운 미래에 중요 이슈가 될 수밖에 없다. 2017년 영국에선 노동당 지도자인 제러미 코빈Jeremy Corbyn이 로봇세를 주장했고, 뉴욕시장 빌 드 블라시오Bill de Blasio도 2019년에 로봇세를 옹호했다.

2020년 미국 대선에서 민주당 후보로 이슈를 모았던 앤

드루 양Andrew Yang의 핵심 공약이 모든 시민에게 매달 1,000 달러씩 주는 보편 기본소득Universal Basic Income을 시행하는 것이다. 여기서 재원 마련책으로 제시한 것이 로봇 사용료다. IT 기업으로 인해 전통적 산업에 속한 기업이 망하고, 관련 종사자도 줄어들고, 생산 현장에서도 인력이 로봇으로 대체되는 상황에서, 이들 기업에서 로봇세를 받아 일자리를 잃은 사람들에게 기본소득으로 주자는 것이었다. 가령 미국에 트럭운전사가 200만~300만 명이 있는데, 자율주행 트럭이 상용화되면 이들의 일자리가 사라진다. 자율주행 트럭을 이용하는 기업에서 로봇세를 받아 이들의 최저 생계를 보장할 수 있다는 것이다. 물론 이 문제가 그리 쉽게 해결되진 않을 것이다. 이해관계가 얽혀 있고, 돈이 걸린 문제이기에 미래사회에 심각한 경쟁과 갈등을 유발할 수 있다.

세계적인 인공지능학자이자 스탠퍼드대학교 법정보학센터 교수인 제리 카플란Jerry Kaplan 교수는《인간은 필요 없다 : 인공 지능 시대의 부와 노동의 미래》(2015)에서 인공지능의 발달에 따라 현재 인간이 가진 직업 중 90%는 로봇에 대체될 것이라고 예측했다. 이는 곧 노동시장의 불안정과 소득 양극화로 이어질 것이다. 사실 로봇에 의한 일자리 대체의 가장 큰 문제가 바로 양극화 심화이자 소외 계층의 증대다. 노동으로 먹고살던 시대가 끝나면 심각한 사회 문제가 될 수밖에 없다. **소수의 일자리를 다수가 두고 싸우는 치열한 구도가 될 것이며, 살아남는 자와 그렇지 못한 자의 갈등도 배제할 수 없다.**

로봇과 자동화가 일자리 문제를 만들어내듯, 이는 또 인구 문제와도 연결된다. 한국은 저출산 국가로 이를 걱정하며 인구절벽, 인구감소 쇼크라는 말을 많이 쓰는데, 과연 인구감소가 무조건 위기일까? 인구감소라는 키워드를 두고, 인구감소가 경제에 미치는 부정적 영향만 먼저 생각하는 것이 기성세대다. 인구와 생산이자 경제력의 비례관계는 과거 얘기다.

뉴노멀은 경제 성장이 일자리 증가로 이어지지 않는 시대다. 지금도 일자리가 부족한데, 앞으로는 더더욱 줄어들 수밖에 없다. 결국 인구감소를 위험요소로만 볼 수 없는 셈이다. 오히려 인구가 증가하면 일자리를 갖지 못하는 이들이 더 많아지고, 이들을 사회적으로 책임질 복지와 부양 비용도 더 필요해진다. 오히려 경제적 타격이 생길 수 있다. 그리고 유능한 1명이 1만 명의 노동력 이상의 생산성을 만들어낼 수 있는 시대에 인구수를 국가 경쟁력으로 여기는 태도는 바뀌어야 한다. 과거의 시각이 아닌 미래의 시각으로 인구 문제를 바라보아야 한다. 결국 변화된 관점을 가진 리더들이 미래에는 더 필요하다. 수동적 학습 능력을 가진 모범생이 아니라, 새로운 문제를 해결할 수 있는 창의적 도전자, 혁신가들이 더 많이 필요하다. 이걸 과연 공교육에서 제대로 할 수 있을까?

공교육, 사교육보다
가정교육이 더 중요해졌다

공교육은 보편적 다수를 대상으로 할 수밖에 없고 변화에 대한 대응도 느리다. 사교육은 단기적으로 효과가 측정되는 시험기술에는 강하나 장기적 성장을 위한 교육에는 취약하며, 결정적으로 돈벌이 중심일 수밖에 없다. 장기적인 성장을 위한 지속적 프로젝트이면서, 쉽게 효과를 측정할 수 없고, 내 아이만을 위해 특화되어야 하며, 변화가 생길 때마다 바로바로 대응해야 하는 것은 가정교육이 가장 현실적 대안이다. 공교육과 사교육이 잘 하는 걸 가정에서 하자는 게 아니다. 아주 오랜 시간에 걸쳐 축적되어야만 탁월해지는 것, 쉽게 측정되지 못하는 능력을 가르치기 위해서는 가정교육에서 습관처럼 틀을 잡아주는 게 중요하다.

가정교육에서 가장 중요하게 다룰 것이 바로 창의력이다. 창의력은 창의적인 뇌를 타고나서가 아니라, 창의적인 환경에서 자라서 생성되는 경우가 많다. 전 세계 인구 중 유대인의 비율은 0.2%에 불과하지만 과학과 경제학 분야의 노벨상 수상자 중 1/3 정도를 차지한다. 인구수로는 한국인이 유대인보다 3배 이상 많지만, 우린 과학과 경제학 분야에서 노벨상을 한 번도 받지 못했다.

수학 올림피아드, 물리 올림피아드에서 한국의 고등학생들이 상을 휩쓸고, IQ 높고, 학습능력 좋기로는 한국인도 유대인 못지않지만 왜 이런 차이가 날까? 대학 가기 전까지는 세계 최고일지 몰라도 그 이후로 더 이상 성장하는 데는 한계가 있다는 의미다. 한국 학생들은 이미 만들어놓은 것을 배우고 따라하는 것에선 탁월한 능력을 발휘하지만 새로운 것을 창조하고 혁신하는 창의력은 늘 아쉽다.

앞서 Part 2에서 영국과 아일랜드가 식사시간에 자녀교육하는 전통과 케네디 가문의 토론 문화를 소개했는데, 유대인의 전통적 교육법 역시 서로 질문하고 토론하는 것이다. 질문에 대한 대답을 평가하지 않고, 오히려 질문 자체를 평가하기도 한다. 답은 검색을 통해서도 찾아낼 수 있지만 질문은 문제의식이다. 모르는 것을 모른다고 하고, 궁금한 것을 질문하여 알아가는 사람들은 그렇지 못한 사람에 비해서 더 많은 것을 이룰 수 있다. 답을 찾고 싶다면 먼저 질문부터 찾아야 하고, 질문을 잘 찾으면 더 좋은 답이 나온다. 결국 질문이 창조의 시작이 되는 셈이다.

아인슈타인의 특수상대성 이론은 학창시절 하나의 질문으로 시작되었다. 스위스 칸톤학교 학생이던 아인슈타인은 '거울을 들고 빛의 속도보다 빠르게 운동한다면 거울에 비치는 상은 어떻게 될까?'라는 창의적인 의문을 갖는다. 15세 학생이 풀긴 어려운 의문이지만, 그 호기심이 이후 그의 학습과 연구를 이끄는 촉매가 되었고 결국 특수상대성 이론을 완성하기에 이른다. 질문이 있으면 반드시 답은 있게 마련임을 몸소 보여준 것이고, 질문이 창조의 원동력임을 확인시켜 준다.

남이 던진 질문이 아니라 스스로 자신에게 던진 질문이 중요하다. 간혹 '쓸데없는 질문 하지 마'라는 말을 아이에게 하는 부모들이 있다. 쓸데 있는지 없는지 과연 부모가 명확히 판단할 수 있을까? 질문의 싹을 자르면, 호기심과 문제의식도 같이 싹이 잘려나간다. 이렇게 해놓고선 창의력 공부시킨다며 학원을 보내는 것은 정말 무의미한 일이다.

아이의 창의력을 위해 부모가 해줄 일은 무엇일까? 프랑스의 교육자 닐 포스트먼Neil Postman은 "어린이들은 물음표로 입학해 마침표로 졸업한다"며, 공식적 제도교육을 통해서 창의적인 인재가 태어날 가능성은 극히 희박하다고 했다. 결국 이것은 학교가 아닌 가정의 몫이다. 부모가 바로 아이의 창의력을 쥐고 있는 열쇠이기 때문이다. 그렇다고 이상한 창의력 교육 교재를 공부시키거나 학원 같은 데는 절대 보내지 말자. 창의력을 매뉴얼화된 교육으로 가르친다는 발상 자체가 문제고, 이런 시각을 가진 부모 스스로가 창의력이 제로인 사람이다.

장 폴 사르트르는 창의적인 대가 열 명 중 다섯 명은 아버지를 일찍 여의었다면서, 아버지가 아들에게 해줄 수 있는 유일한 길은 일찍 죽어주는 것이라는 극단적인 말까지 했다. 오해하지 말자. 이 말은 아이의 상상력과 창의력을 위해선 자유롭게 내버려두라는 주장을 하기 위해서다. 내버려둔다는 건 방치하는 게 아니라 아이가 좋아하고 관심 있는 것을 지지해주고, 경험할 기회를 제공해주자는 의미다. 논쟁의 여지가 있는 주장이지만, 분명한 건 과거의 상식을 가진 부모가 아이에게 과거의 생각을 주입시키는 것이 창의력에 큰 독이 될 수 있다는 점이다.

글 쓰고 말 잘하는 능력도 가정교육에서 중요하게 다뤄야 한다. 누구나 쓰고 말하지만, 이것이 탁월해지려면 오래 걸린다. 문장력과 말재주 얘기가 아니다. 이는 논리와 주장을 효과적으로 전달하는 커뮤니케이션의 무기다.

하버드대학교에서 졸업생 중 사회적 리더로 활동하는 인사들에게 성공의 가장 큰 요인을 물어보는 조사를 했는데, 놀랍게도 가장 많은 답이 글 쓰는 능력이었다. 자신의 주장을 담은 글이든, 전문성을 담은 논문이나 책이든 글쓰기는 자신의 가치를 높이는 데 효과적인 무기다. 하버드를 비롯해 MIT, 스탠퍼드 등 대부분의 미국 명문대학이 전공과 상관없이 학생들에게 글쓰기 수업을 필수적으로 이수하도록 하는 데는 다 이유가 있다.

논리적으로 분석하고 전문화된 콘텐츠로 글을 쓴다는 것은 어려서부터 체계적으로 익히고 습관을 들여놓는 게 가장 중요하다. 우리나라에서 하는 식의 엉터리 글쓰기나 논술 사교육이 절대 아니다. 문학적 글쓰기나 문장력 다듬는 식의 수준이 아니라 지식정보를 체계적으로 자신의 콘텐츠로 만드는 방법을 배워야 한다.

20세기 가장 위대한 철학자로 손꼽히는 루트비히 비트

겐슈타인Ludwig Wittgenstein은 논리학과 언어학, 분석철학 등에서 탁월한 업적을 남겼는데 글도 아주 잘 썼다. 그는 "내 언어의 한계는 내 세계의 한계다"라고 말했는데, 글 쓰는 능력이자 언어 능력을 키우는 유일한 방법이 많이 읽고 많이 생각하고 많이 쓰는 것이라고 했다. 이는 비트겐슈타인뿐 아니라 모두에게 해당되는 얘기다.

얕은 글재주 정도야 논술학원이나 과외로 배울 수 있지만 그건 대학 들어갈 때나 써먹을 정도이지 사회에서 써먹긴 불가능하다. 단기 속성이 안 되는 분야가 글쓰기와 말하기다. 어릴 때부터 꾸준히 오랫동안 자질을 쌓아야만 남들보다 확실히 우위에 설 수 있다. 글 잘 쓰고 말 잘하는 사람이 리더가 되는 데 유리하기도 하고, 리더가 되어서도 높은 위치에 오를수록 글 쓰고 말할 기회는 더 많아진다.

가정교육은 기능적 학습력이 아니라 인간을 대하는 태도를 가르치는 게 핵심이다. 인성의 핵심은 진짜 예의를 배우는 것이다. 한국식 예의는 사실 진짜 예의가 아닌 게 많다. 우리가 예의에선 가장 알아주는 국가라고 자랑하지만, 나이 차별, 인종 차별, 여성 차별, 장애인 차별 등 사회적 약자에 대한 차별은 글로벌 스탠더드에 비해서 많으면 많았지 결코 적다고 할 수 없다.

우리의 예절 교육은 윗사람과 아랫사람의 높낮이를 가르치는데, 이런 태도가 나이를 중심으로 한 서열화를 고착화한다. 존댓말이 상대를 배려하거나 존중하기 위해서가 아니라, 서열을 가리는 언어문화로 작용한다. 우리는 부모, 가족, 친인척, 상사 등 직접 연결된 사람을 대하는 예의는 중요하게 생각하지만 보편적인 인간에 대한 예의와 배려는 부족한 편이다. 분명 한국인은 전 세계에서 알아주는 이타적인 민족이다. 무슨 재난이라도 당하면 자기 일처럼 나서는 사람들이다. 하지만 일상에서 발생하는 각종 차별은 우리의 이타성과 예의바름을 무색하게 한다.

영미권에서는 상대가 마음을 다칠 수 있는 말은 잘하지 않는다. 칭찬과 격려 일색이다. 그것을 립서비스라고 할 수도 있지만, 상대에 대한 배려가 기본으로 형성되었다고 볼 수도 있다. 우리는 귀에 거슬리는 말이 몸에 좋다며 거침없이 비판하지만 엄밀히 수평적 비판이 아니다. 즉 내용에 대한 비판을 서로 주고받을 수 있는 게 아니라, 지위가 더 높고 나이가 더 많은 사람이 그렇지 못한 이들에게 하는 비판만 허용된다. 반대의 경우라면 예의가 없다거나 버릇없다는 식으로 대응하며 의견을 받아들이지 못한다.

나이가 많거나 지위가 높으면 자신을 윗사람으로 여기

고 상대를 아랫사람으로 취급하는 경우가 많다. 존대와 하대가 나이를 기준으로 이뤄지는 게 정말 예의 있는 걸까? 인성의 출발도 서로에 대한 존중이자 평등에 있다. 공부 잘해서 명문대 나오고, 좋은 데 취직해서 높은 지위에 오른 사람이 인성이 문제가 되어 결국 추락하는 경우를 점점 많이 보게 된다. 과거엔 인성에 문제가 있어도 버틸 수가 있었는데, 세상이 바뀌면서 인성이 좋지 않은 이들은 언젠가 들통나게 된다. 그러니 평생 완벽하게 연기하고 살도록 가르치든지, 아니면 인간에 대한 존중과 인권을 갖춘 사람으로 키울지 잘 생각해봐야 한다.

최고의 유망주로 꼽혀 프로팀에 드래프트 1순위로 선발되었어도 학교폭력 전력이 있으면 계약이 취소되거나 방출되는 시대다. 어려운 고시의 문을 통과해 7급 공무원에 합격했어도 성희롱이나 인성에 문제 있는 이슈가 드러나면 합격이 취소될 수 있다. 경영자로 발탁되거나, 장관 혹은 정치 리더가 되어서도 인간에 대한 존중이 없고, 차별적인 발언을 한 전력이 드러나면 책임지고 물러나야 한다.

지금도 이러한데 앞으로는 더할 것이다. 어떤 말을 했고, 어떤 행동을 했는지 기록으로 다 남을 수 있다. 결국 조심해서 될 문제가 아니라, 애초에 조심할 필요 없이 인성을 우리

사회가 요구하는 기본 이상으로 갖추도록 키워야 한다. 이
걸 가정교육에서 하지 않으면 누가 하겠는가? 인성 교육을
시험 치듯 해서 무슨 인증을 한들 과연 쓸데가 있겠는가?
진짜인 척 꾸밀 수 없는 게 인성이고, 그렇기에 공교육과
사교육보다 가정교육에서 더 중요하게 다루어야 하는 부분
이다.

공부 공동체
: 함께 공부할 친구가 있는가?

자기 분야를 가르쳐야 하는 사람만큼 많이 배우는 사람은 없다.

피터 드러커가 한 말이다. 이 말에 전적으로 공감한다. 필자는 직업적으로 연구자이자 강연자다. 연구를 해서 책을 쓰고, 이를 토대로 강연을 하는데, 같은 주제의 강연을 계속 하다 보면 처음 한 강연보다 내용이 점점 좋아진다. 강연을 하며 피드백도 받고 토론도 하며, 다양한 문제의식을 흡수하기 때문이다. 강연자로 일하면서 연구자로서 일한 결과물에서 놓쳤거나 생각지 못한 이슈들을 찾아내기도 하고, 이를 풀기 위해 공부를 계속 하다 보니 자연스럽게 연구자로서의 일도 발전한다. 여기에 다양한 분야 전문가들과 교류하면서 사고와 전문성의 폭도 더 넓힌다. 연구자와 강연자라는 서로 다른 직업을 동시에 하면서 선순환이 되는 셈이다.

필자가 1인 기업이자 지식노동자로서 계속 일할 수 있는 원동력이 바로 이것이다. 사실 필자도 남들에게 공부만 시키는 게 아니라 스스로도 꾸준히 공부하고, 다양한 관계 속에서 공부를 이어간다. 여기서 핵심이 바로 '다양한 관계 속에서' 공부를 한다는 점이다.

지식을 학습하는 공부는 혼자서도 가능하지만, 문제의식을 키우거나 토론을 통해 심화시키기 위해선 함께 하는 것이 더 효과적이다. 그래서 좀 더 전문적인 스터디그룹을 각자가 만들어야 한다. 취향과 교양을 쌓는 독서모임이나 소셜 살롱 말고, 구체적인 공부를 위해 성인들이 모여서 공부해야 한다. 프로페셔널 스튜던트들의 공부 공동체가 많이 만들어져야 하는 것이다.

취업이나 입시 등 시험공부를 위한 스터디그룹만 해봤다면, 이젠 다양한 주제별 스터디그룹을 통해 혼자서 하기 힘든 공부를 함께 해야 한다. 로봇과 인공지능에 대체될 일자리를 가진 사람들이 연대해서, 대체 불가능한 자질과 능력을 키우는 데 나서야 하는 셈이다. 같은 직장 내에서 만들어도 좋고, 친구나 동네 이웃과 함께 만들어도 좋다.

전국에 카페가 8만 개 이상 있고, 이중 서울에만 2만 개 가까이 있다. 이런 카페에서 모여 스터디를 해도 좋고, 아예 스터디카페를 이용해도 좋다. 전국에 공부하려고 만든 스터디카페가 1만 개 가까이 있다고 한다. 큰돈 들이지 않고도 커피 한 잔 값으로 공부 공동체이자 스터디모임을 하기 좋은 환경은 충분하다.

아마존 창업자이자 CEO 제프 베조스가 만든 팀 운용 법칙 중 '피자 두 판의 법칙'이 있다. 한 팀이 다 같이 회의에 참가할 때 피자 두 판을 먹을 인원보다 적어야 한다는 원칙이다. 대개 피자 한 판이 8조각이고 1인당 2~3조각을 먹는다고 하면, 인원은 6~8명이 된다. 숫자가 너무 많으면 토론 참여도 충분히 이뤄지지 않고, 발언하는 사람과 안 하는 사람으로 나뉠 수 있다. 들러리 없이 모두가 적극 참여하는 구조를 만드는 것이 스터디그룹의 목적이어야 한다. 누가 시켜서 강제로 하는 게 아니라 자발적으로, 필요에 의해, 성장을 위해 모인 스터디그룹이기 때문이다.

물론 스터디그룹은 물리적으로 가까이 있는 사람끼리만

가능한 게 아니다. 줌을 비롯한 화상회의 툴을 사용해 전 세계 누구와도 할 수 있다. 그러니 서울에 있든 제주에 있든 뉴욕에 있든 도쿄에 있든 같은 주제를 공부하는 사람끼리 연계하여 지식도 교류하고 공부를 서로 독려해 문제의식을 공유하는 것도 좋다.

공부의 효율을 위해 돌아가면서 발제하며 가르치는 기회도 갖길 바란다. 이를 통해 가르치는 자가 더 많이 배운다는 말의 의미도 경험해보라. 이런 과정을 통해 사고와 경험이 확장된다. 오히려 지연, 혈연, 학연보다 같이 공부하며 실력을 확인하고, 성장하는 사이의 사람들이 더 좋은 인맥이 될 수 있다. **지연, 학연, 혈연이 과거에 머문 인맥이라면, 공부 공동체에서 프로페셔널 스튜던트를 실천하는 이들은 함께 성장해가며 미래를 도모하는 인맥인 셈이다.** 사람이 믿을 건 사람이다. 함께 살 궁리를 하는 사람들이 많아질수록 우린 살아남을 것이다.

공부할 시간이 없다고 변명하는 사람들이 있다. 아무리 바빠도 설마 일론 머스크보다 바쁠까? 전기 자동차이자 자율주행 자동차를 만들며 자동차 역사를 바꾸는 회사 테슬라, 유인우주선을 만들고 궁극엔 화성 이주를 목표로 하는 회사 스페이스X, 둘 다 일론 머스크가 만든 회사다. 테슬라

커피 한 잔 값으로 공부 공동체이자 스터디모임을 하기 좋은 환경을 제공하는 스터디카페. 지식을 학습하는 공부는 혼자서도 가능하지만, 새로운 문제의식을 키우거나 토론을 통해 심화시키기 위해선 함께하면 더 효과적이다. (출처 : 연합뉴스)

는 전 세계 자동차 회사 중 시가총액 1위인데, 일론 머스크는 탁월한 사업가이자 억만장자, 천재이자 괴짜 이미지도 강하다. 전 세계에서 가장 바쁜 사람 중 하나일 듯한 일론 머스크가 하루에 책을 2권씩 읽는다고 한다. 빌 게이츠, 스티브 잡스 등 세계적 혁신가이자 미래를 앞당긴 사람들 중 유독 책벌레가 많다. 공부만 하는 범생이가 아니다. 이들의 공부는 입시공부도 아니고 자격증 공부도 아니다. 세상의 변화, 사회와 산업, 사람, 기술에 대한 공부다.

세계적 부자들까지 언급하지 않아도, 국내에서도 부자들 중 책을 열심히 보는 사람들이 많다. 대기업 CEO들을 비롯해 잘나가는 전문직, 부자들이 이른 아침 호텔에 모여 강연 듣고 공부하는 조찬포럼은 셀 수 없이 많다. 그들은 오래전부터 그렇게 미래를 대비해왔고, 공부를 하고 책을 읽으며 생존본능을 키워왔다. 최선을 다해 공부한 덕분인지, 그들은 늘 생존에서 우위다.

바빠서 책을 못 읽고, 공부를 못 한다고? 거짓말 마라. 바쁜 게 아니라 그냥 게으른 것이고 무능한 것이다. 성공에 대한 열망도 성장에 대한 치열함도 부족할 뿐이다. 전혀 공부하지 않고 새로운 변화에 잘 대응해나가길 기대하는 것은 헛된 망상이다. 과거와 다르다. 변화가 매년 더 빨라지는데, 코로나19 팬데믹을 계기로 변화의 속도는 더 빨라졌다.

과거에는 공부하지 않고도 그럭저럭 버텼던 이들도 앞으론 버티기 힘들어질 것이다. 아무리 고집 센 개인이라도 세상의 변화를 거부하고선 비즈니스 세계에서 살아남기란 불가능하다. 책을 읽을 때, 몇 권 읽었다는 식으로 독서를 양으로 따지는 건 어리석다. 책 읽는 것 자체가 목적이 아니라, 책을 읽어서 내게 필요한 가치를 얻는 것이 목적이다. 양이 아니라 질이다. 공부 모임도 많다고 공부 많이 하는 게 아니다. 공부 공동체에서도 질이 중요하다.

특이점이 다가오면
공부도 달라질까?

특이점Singularity은 일반적으로 기술적 특이점Technological Singularity을 얘기한다. 인공지능을 비롯한 기술적 진보가 인간 사회와 인류의 진화에 급격하고도 되돌릴 수 없는 변화를 가져오는 미래의 어느 순간을 가리키는 말이다.

특이점의 기본 개념은 컴퓨터의 아버지라 불리는 요한 폰 노이만John von Neumann(1903~1957)이 제시했다. 그는 물리학자이자 수학자, 컴퓨터 과학자로 게임이론을 창시한 사람이자, 원자폭탄을 만드는 데 기여했고 인공생명체의 가능성을 연구한 사람이다. 사실 그의 업적은 한 명이 이렇게 많은 것을 다 했을까 싶을 만큼 광범위하고 탁월하다. 그는 기술이 계속 발전하다 보면 필연적으로 인류 역사에서 특이점이 발생하고, 그 시점 이후의 인간의 역사는 지금까지와는 전혀 다를 것이라고 예견했다.

특이점의 개념을 대중화한 사람은 샌디에이고대학 컴퓨터과학 교수이자 SF소설가로 활동한 컴퓨터 과학자 베너 빈지Vernor Vinge(1944~)다. 그는 사이버공간이란 개념을 처음 제시했는데, 1993년 발표한 논문이 〈다가오는 기술적 특이점The Coming Technological Singularity〉이다.

이후 미래학자 레이 커즈와일이 《특이점이 온다》(2005) 에서 인공지능이 인류의 지능 총합을 넘어서는 시점을 2045년으로 봤다. 인공지능과 더불어, 유전공학Genetics, 나노기술공학Nanotechnology, 로봇공학Robotics 등이 인류의 삶에 지대한 영향을 줄 것이라고 주장한다. 물론 레이 커즈와일의 예측을 전부 다 믿을 필요는 없다. 다만 기술적 진화가 계속 빨라진다는 것은 분명하다.

그가 2030년이면 인간의 뇌와 인공지능을 연결하는 기술이 나오고, 인간은 더 뛰어난 지능을 갖춘 존재가 되면서 동시에 인간이 사이보그화될 수 있다고 예측했다. 인간의 두뇌와 컴퓨터를 연결하는 기술은 일론 머스크가 설립한 뉴럴링크Neuralink에서도 하고 있는데, 2020년 7월에 칩을 뇌에 이식한 돼지를 공개하기도 했다. 만약 두뇌와 컴퓨터의 연결이 현실이 되면, 인간의 지식 습득 방식에 변화가 생길 수 있다. 지금 이 순간 당신은 '설마 그렇게 되겠어?'라고 미래를 의심할 것이다. 과학기술이 때론 믿기지 않을 미래를 그려내기도 한다. 인류는 늘 일반인의 수준을 능가하는 과학자와 혁신가들 덕분에 놀라운 발전을 이어왔다는 것을 감안하면 이런 예측과 연구들이 현실이 될 가능성도 분명 존재한다.

코로나19 백신 개발만 보더라도 이전에 5년 정도 걸리던 것이 1년 이내로 단축됐다. 기술적 진보 속도는 확실히 빨라졌고, 5년 후, 10년 후, 20년 후 우리가 살아갈 사회와 기술적, 산업적 변화 수준은 지금과는 확실히 다를 것이다. 결국 이런 **진화의 속도를 따라잡는 사람들만 기회가 주어진다. "실천하며 배운다Learn by doing."** 이 메시지는 레이 커즈와일이 설립한 싱귤래리티대학의 중요한 원칙이라고 한다. 미래를 대비하는 우리가 가져야 하는 핵심 태도가 바로 이것이다. 결국 프로페셔널 스튜던트다.

만약 당신의 자녀가 미래에 쓸모없는 사람이 된다면 당신은 어떤 심정일까? 예루살렘 히브리대학교 역사학과 교수이자 세계적 베스트셀러 《사피엔스》(2014)의 저자 유발 하라리는 《호모 데우스》(2016)에서 자동화로 일자리를 뺏겨 고용시장에 밀려난 이들을 쓸모없는 계급 Useless Class 이라는 표현으로 지칭했다. 냉정하지만 일자리가 사라지는 순간, 사회적으로 쓸모가 사라진다. 생산 활동을 하지도 돈을 벌지도 못하고, 먹고살 방법을 스스로 해결하지도 못하기 때문이다. 유발 하라리는 현재의 아이들이 학교에서 배우는 대부분의 것들은 그들이 40세가 될 시기면 전혀 쓸모없어질 것이라는 말도 덧붙였다.

이런 사람들은 어떻게 살아가야 할까? 그들에게 인생은 어떤 의미가 되어야 할까? 이 답은 아직 우리에겐 없다. 하지만 우리의 아이들은 분명 그 질문을 풀어가야 한다. 이를 해결하는 걸 정치와 정부의 몫으로만 둬야 할까? 그들이 해결할 거라 믿고 당신은 안심하며 미래를 맞이할 수 있을까? 당신의 자녀가 안전하게 잘 살아갈 수 있을까? 결국 정부와 정치가 아니라 스스로 살아갈 방법을 찾아야 한다. 더 강력한 자기진화가 필요한 시점이다.

이를 위해 스스로의 가치와 장점, 적성과 관심사가 무엇인지 알아내는 과정이 필요하다. 이건 부모가 정해주지도 않고, 신이 계시를 내려주지도 않는다. 다양한 경험과 시도를 통해 찾아내야 한다. 이른바 실험이 필요한 것이다.

다양한 주제의 책을 읽고, 다양하게 배워보고, 다양한 사람들과 어울리며 자신이 어떻게 살아갈지 구체화시켜야 한다. 이건 남이 대신 해줄 수도 없고, 해줘서도 안 된다. **자기 인생의 방향과 목표를 스스로 찾아야 어떤 변화와 위기가 오더라도 대응하며 이겨낼 수 있다.** 남이 알려준 길을 따라가기만 하는 사람으로선 결코 그렇게 하지 못한다. 자기 확신이 없으면 막연한 미래를 향해 꾸준히 달리지 못하기 때문이다.

엘리트 코스에 대한 환상을 버려야 한다. 명문 중고등학교 나와서 명문대 가고, 그 후 대기업에 들어가거나 전문직 직장인이 되어, 돈과 사회적 지위를 쌓아가는 전형적인 엘리트 코스가 점점 파워를 잃는다. 가장 쉽고, 가장 안전한 탄탄대로를 걷는 방법이 아니라, 길이 없으면 만들어서라도 가겠다는 접근이 더 필요해졌다. 아이들이 맞을 미래가, 우리가 살았던 과거와는 완전히 다를 수 있기 때문이다. 그래서 더더욱 하고 싶은 것을 하면서 살아야 한다. 평생 공부하기 위해서라도 하고 싶고, 좋아하고, 잘하는 것들을 찾아야 한다.

이 책에서 프로페셔널 스튜던트를 위해 제시하는 필수 공부는 테크놀로지Technology, 돈Money, 트렌드Trend, 예술Art, 생존력

Survival 등 다섯 가지다. 이들은 계속 공부하지 않으면 얻을 수 없는 지식이자 지속적 업데이트가 필요한 스킬이다. 앞에서 제시한 4C인 창의력Creativity, 의사소통Communication, 비판적 사고 Critical Thinking, 협업Collaboration도 당연히 갖춰야 하는데, 4C는 방향이자 태도다. 한번 잘 갖춰놓으면 계속 진화하며 자가 성장이 가능한 스킬이기도 하다. 이들 4C는 다섯 가지 분야에 기본적으로 깔려 있다. 즉 새로운 기술 분야를 이해할 때 그것을 어떻게 적용하고 응용할 것인가에서 창의력과 비판적 사고가 필요하고, 실행하는 과정에서 의사소통과 협업도 필요하다. 이는 돈, 트렌드, 예술, 생존력 공부에서도 마찬가지다.

다섯 가지 분야와 4C를 기본으로 쌓아두면 자신의 전문 분야와 결합해 강력한 시너지를 낼 수 있고, 새로운 분야로 전환하는 데도 유리하며, 미래 인재로서도 계속 경쟁력을 갖게 된다. 국어, 영어, 수학 + 역사, 과학 중심의 공부가 입시에선 중요했지만 사회에서 쓰임새는 제한적이었던 반면, 테크놀로지, 돈, 트렌드, 예술, 생존력 + 4C는 사회생활을 비롯해 살아가는 데 실질적으로 중요한 것이다. 각기 좀 더 구체적인 내용들은 이어서 하나씩 풀어보겠다.

테크놀로지 공부
: 기술이 상식이 되는 시대다!

가장 먼저 테크놀로지Technology를 꼽은 것은 미래의 모든 것이 기술 기반을 이해하지 못하고는 이뤄지지 않기 때문이다. 기술이 미래엔 가장 보편적 상식이 된다. 우리가 지금 국어, 영어 공부를 하고, 일상에서 수학적 사고를 활용하듯이 앞으로는 누구나 코딩이나 프로그래밍 언어를 이해하고 사용하며, 새로운 하이테크 기기들을 원활하게 이용할 수 있어야 한다. 우리는 글을 읽고 쓰는 기본적 문맹률은 OECD 국가 중 최저지만, 실질적 문맹률인 문해력Literacy에서는 최악이다. 글자를 읽고 쓰기는 하지만, 글을 제대로 이해하지는 못한다는 얘기다. 문해력이 낮으면 지식노동자가 되기 어렵고, 사회생활을 제대로 하기도 어렵다. 디지털 시대엔 디지털 리터러시Digital Literacy, 즉 디지털 기술과 소프트웨어를 이해하고 사용할 줄 아는 능력이 필수다. 디지털 기술을 잘 모르는 사람은 지금 시대도 불편하지만, 미래에는 주류사회에서 살아갈 수가 없다. 디지털 격차가 더 벌어질 수밖에 없고, 일자리를 갖지 못한다. 중국에는 노숙자도 QR코드를 내걸고 모바일 페이로 적선을 받는다고 한다. 이처럼 모두가 디지털 시대를 살아갈 기본은 갖추려 하는데, 미래사회에서 디지털 기술도 모르면서 좋은 일자리를 가질 수 있으리라 기대하는 것 자체가 어불성설이다.

테크놀로지 중에서도 먼저 얘기할 것은 코딩Coding이다. 코딩 공부를 제대로 하려면, 코딩에 대한 오해부터 버려야 한다. 코딩은 컴퓨터 프로그래밍을 뜻하는 말로, 우리가 원하는 대로 컴퓨터나 기계가 작동하도록 컴퓨터가 사용하는 언어(C 언어, 자바, 파이선 등)를 써서 논리적으로 명령어를 작성하는 일이다. 우리가 국어, 영어 등을 배우듯, 컴퓨터를 제대로 이용하려면 그들의 언어를 알아야 하는 것이다. 코딩 교육은 기술이 아닌 논리적 사고이자 언어 교육이다. 컴퓨터에 기반한 논리적 사고Computational Thinking를 가장 잘 배

서울의 한 키즈카페에서 열린 코딩 교육 설명회. 코딩 교육은 기술이 아닌 논리적 사고이자 언어 교육으로, 컴퓨터에 기반한 논리적 사고를 가장 잘 배울 수 있다. (출처 : 연합뉴스)

울 수 있는 게 코딩이다.

즉, 코딩 잘하는 기능인 양성이 목적이 아니다. 코딩 자체가 목표가 아니라, 코딩을 통해 얻을 수 있는 논리적 사고와 문제 해결력이 목표다. 코딩은 도구에 불과한데, 코딩조차도 입시 스타일로 가르치려 든다. 공교육은 최소한의 내용만 이해시키는 것에 불과하고, 사교육에선 기능적인 학습에 치우친다. 문이과 모두 수학과 영어를 배우듯, 코딩도 그렇다. 수학 배운다고 수학자 되고, 영어 배운다고 영어통역사 되는 게 아니듯, 코딩도 그렇다. 코딩은 엄밀히 기술

교육이 아니라 모든 교육의 기초다. 기초를 수박 겉핥기로 배워선 곤란하지 않은가.

변호사가 코딩을 잘하면 자신이 맡은 사건 자료 및 판례 조사를 누구보다 빨리, 많이, 정확히 할 수 있고, 업무 효율성과 속도도 개선된다. 이런 장점을 바탕으로 더 논리적인 변호 전략을 짤 수 있다. 이는 금융 전문가나 트렌드 분석가, 패션 디자이너도 마찬가지다. **코딩을 해서 프로그래머가 되는 기능적 직업 교육이 아니라, 코딩을 통해 어떤 직업이든 그 가치와 전문성을 극대화할 수 있다는 점에 주목해야 한다.**

인공지능과 컴퓨팅 기술은 점점 진화하는데, 그걸 충분히 활용하고 누리지 못한다면 얼마나 큰 손해인가? 영어를 배우는 것도 단지 외국인과 대화하는 게 목적이 아니라, 그 대화를 통해서 친구를 사귀든 비즈니스를 하든 실질적 행위가 일어나는 게 목적이고, 그 과정에서 얼마나 높은 지위와 기회를 가져가느냐가 핵심 목표이듯 코딩도 마찬가지다. 알파벳 안다고, 간단한 대화 한다고 영어권에서 비즈니스 하며 전문가로 자리잡을 수 있는 게 아니다. 코딩도 그런 개념으로 이해해야 한다.

영국 정부는 2014년 9월 학기부터 초중고 12년 교육과정에 컴퓨터과학을 정규 과목으로 포함시켰다. 정규 과목이 12개인데, 그중에서도 영어, 수학, 과학, 스포츠와 함께 컴퓨터과학을 5개 필수 과목으로 지정할 정도로 비중이 커졌다. 이전에도 컴퓨터 교육 과정이 있었지만 주로 워드프로세서나 엑셀 같은 소프트웨어 사용법을 알려주는 내용이어서, 시대착오적이라 지적받았고 학생들도 흥미가 없었다. 이미 일반화된 소프트웨어는 학생들도 다 쓸 수 있었기 때문이다. 컴퓨터과학 과목에선 코딩 기술을 배우는데, 초등학교 6학년까지는 최소 1가지 이상의 컴퓨터 언어를 익혀야 하고, 중학교 졸업할 때까지는 2개 이상을 익혀야 한다. 아울러 논리적 사고, 알고리즘 이해, 데이터 분석 등 컴퓨터 기반의 다양한 기술적 스킬도 배운다.

우리나라는 2018년부터 공교육에서 코딩 교육이 의무화되었는데, 교육 시간도 짧고 수준도 낮다. 소프트웨어 전문 인력이 교육을 담당하는 게 아니라 기존 교사가 잠깐 연수받고 교육하는 방식인데, 프로그래밍 언어가 계속 바뀌고 진화하는 것을 따라가지도 못한다. 결국 겉핥기가 된다. 공교육에서 하는 코딩 교육의 한계는 크다. 사교육에서 하는 것도 마찬가지다. 높은 점수를 얻기 위한 입시 스타일의 교육으론 코딩이든 뭐든 아무리 좋은 걸 해도 마찬가지다. 부모와 자녀가 함께 코딩 교육을 받는 것도 방법이다. 기본만 익혀두면 구글 검색을 통해 얼마든지 모르는 걸 물어가며 실습할 수도 있다. 중요한 건 코딩 기능공이 아니라, 코딩을 통해 논리적 사고와 컴퓨터를 통한 문제 해결력을 높이는 것이다.

2020년 2월 초 코로나 나우CoronaNow라는 모바일 앱이자 웹사이트가 만들어졌다. 코로나19 국내외 확진자와 사망자 발생 현황과 동선 등 다양한 정보를 한곳에 직관적으로 모아놓은 종합 상황판인데, 대구의 중학교 3학년 최형빈, 이찬형 군이 만들었다. 둘은 코딩 교육을 받은 적이 있는데, 대구에 확진자가 급증하는 시점에 코딩을 통해 뭔가 기여하고 싶어 했다. 코딩이 바로 문제해결 도구로 쓰였다.

그들은 앱 개발에 착수한 지 1주일 만에 완성했다고 한다. 고도의 개발이나 코딩이 필요하지는 않았지만, 해본 적 없는 걸 하기에 어려움이 생길 수밖에 없었다. 이때 잘 모르는 것은 구글 검색을 통해 해결했다고 한다. 이런 태도가 코딩을 배워야 하는 가장 큰 이유임을 보여준다. 배운 것만 써먹는 게 아니라, 배운 것을 토대로 잘 모르는 것은 찾아가면서 계속 배워가는 것이다. 이들이 만든 코로나 나우 서비스 이용자가 많아지고 유명세를 타면서 상금도 받았는데, 이렇게 얻은 수천만 원을 기부했다.

이중 최형빈 군은 중학교 1학년 때부터 개발을 했는데, 국어 수업에서 팀별 과제를 학생들끼리 서로 주고받고 댓글을 달 수 있는 홈페이지를 만들었다고 한다. 여기서 주목할 것이 문제를 해결하는 데 코딩을 도구로 쓴다는 점이다. 코딩은 학생뿐 아니라, 어른들도 배워야 한다.

코딩 능력은 당장 일자리를 만들기도 한다. 삼성청년SW 아카데미는 2018년 12월 첫 교육을 시작했는데, 삼성이 고용노동부와 함께 청년 취업과 일자리 창출 일환으로 운영하는 CSR 프로그램이다. 1년간 하루 8시간씩 총 1,600시간을 교육한다. 업무에 바로 투입될 수 있는 소프트웨어 개발자 양성이 목적이기에 실무 환경과 동일한 개발 방식과 실전 프로젝트를 통해 가르친다. 기업과 연계된 산학 프로그램도 있어서 현장 경험을 쌓는 기회도 주어진다.

2020년 12월까지 총 3기 1,623명이 수료했고, 이중 62% 정도인 1,009명이 370여 개 기업에 취업했다. 삼성전자를 비롯해, 카카오, 네이버, 현대차, 신한은행, 현대카드 등 대기업과 금융권, IT 기업에 취업하는데, 신한은행, 신세계아이앤씨 등 60여 개 기업에선 삼성청년SW아카데미 수료생은 서류 심사 면제와 코딩 테스트 면제 등 채용 우대를 제공하기도 한다.

삼성청년SW아카데미는 소프트웨어 전공자, 소위 공대생들만 갈 수 있는 게 아니라 소프트웨어와 무관한 비전공자인 인문사회 계열도 갈 수 있다. 전공자가 절대적으로 유리한 건 아니다. 삼성청년SW아카데미를 수료하고 취업한 사람들 중 31%가 비전공자라고 한다. 코딩 능력의 핵심이 논리적 사고와 문제 해결력이란 사실을 되새겨보면 이해될 것이다. 앞서 Part 2에서 포스텍 융합대학원에서 인문사회 계열 전공자에게 데이터 사이언스를 가르쳐 특화된 경쟁력의 데이터 사이언티스트를 만들겠다는 것과도 맥락이 연결된다. 삼성청년SW아카데미의 인재상은 '문제 해결 능력을 갖춘 경쟁력 있는 차세대 SW인력'이다. 코딩 기능공이 아니라, 문제 해결력이 핵심이다. 문제 해결력이 새로운 비즈니스를 만들고, 새로운 스타트업을 만든다.

기술 없인 살기 힘든 시대가 다가온다. 수명이 계속 늘어나면서 고령화사회는 전 세계의 현실이 되었다. 노인 비율은 더 높아질 텐데, 출산율을 높여서 노인 비율을 낮춘다는 발상은 무모하다. 출산율을 쉽게 높이지도 못할 뿐 아니라, 이것이 늘어나는 노인 비율을 멈추지도 못한다. 대신 로봇과 인공지능, 유전공학, 생명공학 등이 우릴 더 오래 더 편하게 살도록 도와줄 것이다. 결국 로봇과 살아갈 수밖에 없는 게 미래다. 로봇과 협업하는 기술도 익혀야 하고, 로봇과 함께 살아갈 문화도 익혀야 한다. **로봇이 사람의 일을 대체해도, 그 로봇을 제대로 관리하고 효율적으로 활용하는 건 사람의 몫이다. 기술 이해도가 높은 사람만이 로봇과 각종 기술들을 완벽히 관리하고 통제한다. 기술에 주눅 들지 않고, 인간이 우위를 점하기 위한 최선의 방법은 새로운 기술을 충분히 이해하고 사용하는 것뿐이다.**

인공지능, 머신러닝, 핀테크, 블록체인, 자율주행차, 스마트시티 등 우리의 일상과 산업을 바꿀 기술 이슈는 이미 셀 수 없이 많은데, 그중 얼마나 이해하고 있는지 스스로에게 물어보라. 기본 개념뿐 아니라, 남에게 설명할 정도로 이해해야 한다. 재테크 서적 보는 시간을 반으로 줄여, 그 대신 기술 서적을 보라. 경제와 금융에 대한 이해는 중요하지만, 당장의 재산 증식에만 모든 관심이 쏠리는 건 위험하다. 앞으로는 기술의 이해가 모든 부의 바탕이 될 것이다.

돈 공부
: 돈을 모르면
모든 공부가 허무해진다!

돈Money 공부라고 하지만 엄밀히 금융과 경제에 대한 공부다. 한국인의 금융문맹Financial Illiteracy은 심각한 수준이다. 재테크 열풍은 주기적으로 불고, 전 국민이 부자가 되고 싶어 하는데, 놀랍게도 금융문맹이란 점은 아이러니다. 한국은행과 금융감독원의 〈2018년 전 국민 금융 이해력 조사 결과〉에 따르면, 성인의 금융 이해력은 62.2점으로 OECD 평균인 64.9점(2015년 기준)보다 낮았다. OECD 산하기구 '금융교육 국제네트워크'가 정한 금융 이해력의 최소 목표치는 66.7점인데, 적정이 아닌 최소보다도 낮은 건 그만큼 금융문맹이 많다는 의미다.

특히 20대의 금융 이해력 61.8점으로 평균 이하였으며, 이중에서도 저축을 비롯해 금융상품 선택 행위를 조사한 금융 행위 분야에선 58.4점, 소비와 저축에 대한 선호도와 이해 수준을 측정하는 금융 태도 분야에선 57.7점이었다. 이 점수를 학점으로 치면 F다. 20대의 금융 태도는 전 연령 대에서 가장 낮은 점수였는데, 심지어 70대보다도 낮았다.

금융 이해도 점수가 저소득층과 젊은 계층에서 유독 낮고, 소득이 높을수록 점수가 높았다는 점은 주목할 일이다. 이를 반대로 말하면 고소득자는 소득이 높은 데다 금융투자도 잘해서 자산 증식이 더 된다는 의미여서, 양극화가 소득 격차뿐 아니라 금융 이해 격차에도 영향을 주는 셈이다. 사사건건 돈 따지며 돈을 밝히라는 얘기가 아니라, 돈을 제대로 알아야 안정적 경제활동도 가능하고, 노후에 대한 걱정도 덜 수 있다는 것이다. 적어도 남에게 피해 끼치지 않고, 생존이 가능하다.

금융문맹들은 사기꾼의 표적이 된다. 금융사기 피해자들 중 청소년, 대학생, 취업 준비생이 꽤 많다. 금융에 대한 지식이 없는 금융문맹이라는 것을 사기꾼도 알고 노리는 것인데, 이들은 SNS를 통해서도 접근한다. 조금만 생각해보면 사기가 분명하고 터무니없다는 걸 알 수 있지만, 금융문맹들에겐 그런 것조차 보이지 않는다. 대출빙자형 사기 중 20~30대 피해액이 2017년 391억 원에서 2018년 544억 원으로 늘었다. 보이스피싱 피해 중 20~30대 피해금액도 계속 증가했다. 2016년 637억 원이었는데 2017년 768억 원, 2018년 915억 원이었다.

급전이 필요하다고 사채를 쓰다 큰일 나는 경우도 있다. 돈의 개념이 없다 보니 빚을 너무 쉽게 생각하는 이들도 있다. 특히 20대가 취약하다. 금융교육, 경제교육을 제대로 받은 적이 없다 보니 돈에 대해 무지하고 순진하다. 사기 당하기만 쉬운 게 아니라, 주식이나 비트코인 등 한방을 노린 도박성 투자로 큰돈을 날리거나 빚을 지고 신용 불량자나 취약 계층으로 전락하기도 한다. 이들은 돈만 잃는 게 아니라 인생 자체를 잃을 수 있다. 이는 개인만의 손해가 아니라 사회 전체로도 손해다. 미국, 영국, 캐나다 등 주요 선진국들이 학교교육에서 금융교육을 의무화하는 건 우연이 아니다. 살아가는 데 가장 필요한 진짜 공부가 바로 돈에 대한 공부이기 때문이다.

글을 모르고 사는 문맹은 생활을 불편하게 하지만, 금융문맹은 생존

을 불가능하게 만든다. 금융문맹이 문맹보다 더 무섭다.

이는 미국 연방준비제도이사회Federal Reserve Board 의장을
4번 연속(1987~2006) 역임한 미국 경제학자 앨런 그린스펀
Alan Greenspan의 말이다. 흥미롭게도 앨런 그린스펀은 줄리어
드 음대에 입학해 클라리넷을 전공하다 뉴욕대 경제학과로
옮겼다. 그의 아버지가 주식 중개인인 덕분에 다섯 살 때 주
식과 채권, 증권사가 하는 일을 아버지에게서 배웠고, 이후
저축과 대출을 비롯 자산관리 방법도 배웠다고 한다. 부모
의 역할과 환경은 이렇게나 중요하다.

미국 연방준비제도의 최고 의사결정기구인 연방준비
제도이사회 의장은 4년 임기로 세계 경제 대통령으로 불
릴 정도로 금융정책에서 막강한 영향력을 가진 자리다.
1979~1987년은 폴 볼커Paul Volcker, 1987~2006년은 앨런 그
린스펀, 2006~2014년은 벤 버냉키Ben Bernanke, 2014~2018년
은 재닛 옐런Janet Yellen이 의장을 역임했는데, 놀랍게도 이들
모두 유대인이다. 2018년부터 현재까지 재임 중인 제롬 파
월Jerome Powell이 의장이 되었을 때에도 다른 유력 후보는 유
대인이었고, 40년 만에 유대인이 아닌 사람이 의장이 되어
이슈가 되었을 정도다. 재닛 옐런은 바이든 행정부의 초대

재무장관으로 지명되기도 했다. 미국 재무장관도 역대로 유대인이 대부분이었고, 트럼프 행정부의 스티븐 므누신 재무장관도 유대인이다.

세계적인 금융사의 창업자나 CEO 중에도 유대인이 많고, 월스트리트의 주류 세력도 유대인이다. 글로벌 기업의 창업자와 CEO 중에도 유대인은 많다. 미국 인구에서 유대인은 2% 정도에 불과하지만, 미국 GDP 중에서 이들이 차지하는 부는 20% 정도다. 전 세계로 따져도 0.2%에 불과한 인구지만, 세계 억만장자 중 1/3 정도가 유대인일 정도다. 유독 유대인들이 경제적으로 탁월한 성과를 내는 이유는 뭘까? 분명 부의 대물림도 있고, 끈끈한 네트워크도 작용하겠지만, 경제교육의 영향도 무시하지 못한다.

유대인은 어릴 때부터 부모가 직접 자식에게 경제교육을 시킨다. 자녀가 13세가 되면 바르 미츠바Bar Mitzvah라는 성인식을 하는데, 이때 부모와 친지들이 축의금을 준다. 수천에서 수만 달러까지 되는데, 이 돈을 주식, 채권, 예금 등 금융상품에 투자한다. 부모가 조언을 해주기는 하겠지만, **전적으로 자녀가 판단하고 투자의 의사결정을 한다. 이런 과정이 바로 공부이고, 이를 통해 실물경제를 배운다.**

한국에서 13세면 초등학교 6학년이거나 중학교 1학년이다. 이 나이의 아이가 수천만 원을 종잣돈 삼아 투자를 한다고 생각해보라. 자기 돈이 걸려 있으니 자연스럽게 금융과 경제에 대한 공부를 할 수밖에 없다. **돈을 얼마나 많이 버느냐가 핵심이 아니라, 이런 과정을 통해 돈에 대한 개념과 자산관리 방법을 배우는 것이다.**

한국의 청소년은 입시에만 매달리느라 금융에 대해선 문맹 수준이다. 교과서에서 본 정도가 전부인데, 그건 실질적 공부가 안 된다. 사교육에 쓰는 돈을 합치면 유대인의 성인식 축의금보다 많을 텐데, 우린 그 돈을 학원에 갖다주고, 유대인은 금융투자를 통해 자산 증식도 하고 경제도 배우는 데 쓴다. 대학 갈 때쯤 유대인은 자기 돈으로 학비를 낼 수 있고, 우리나라 대학생들은 학자금 대출로 빚지거나 부모의 돈으로 학비를 낸다. 이런 차이가 인생에선 큰 차이가 된다.

금융문맹을 벗어나기 위해선 금융회사에서 하는 금융교육, 경제교육 프로그램을 활용할 수 있고, 유튜브에도 금융과 경제에 대해 공부할 콘텐츠가 얼마든지 많다. 책도 많다. 그리고 금융과 경제에 대한 기초를 이해하고 나면, 실물경제와 자산관리에 대해 배워나가야 한다. 지금 시대는 공부할 의지만 있다면 공부할 수 있는 콘텐츠와 기회는 얼마든지 많다.

돈 공부의 목표는 부자 되기가 아니다. 그건 충분히 돈 공부를 한 후에 얻는 결과물일 뿐이다. 돈 때문에 자기가 하고 싶은 것을 포기하는 일이 생기지 않도록 하는 것이 목표여야 한다. 돈이 주연이 아니라 내가 하고 싶은 것 자체가 주연이다. 내가 뭘 하고 싶은지, 뭘 좋아하는지 모르는 사람에겐 돈이 많아봤자 쓸데없다. 기껏 비싼 집과 비싼 차, 명품 걸치는 게 전부일 텐데, 그렇게 돈 써봤자 즐거움은 오래가지 못한다. 돈을 숫자로 보는 사람은 영원히 만족할 수 없는데, 숫자는 무한하기 때문이다. 돈은 도구이고, 진짜 즐거움은 돈에 구애받지 않고, 좋아하는 일을 마음껏 누리는 것이다.

이런 삶을 위해선 돈이 얼마나 필요할까? 100억 원일까, 아니면 1,000억 원일까? 그건 각자가 알아서 정하면 된다. 남에게 보여주려고 돈이 필요한 게 아니라, 자신을 위해서 돈이 필요하다. 그러니 부자 되는 것도 남의 기준이 아닌 자신의 기준으로 되어야 하고, 부자로서 살아가는 것도 마찬가지다. 돈에 주눅 들고 돈에 끌려다닐지, 돈을 주도하고 끌고 갈지는 세상이 정하는 게 아니라 바로 당신이 정한다. 이런 태도는 결국 금융과 돈을 충분히 이해하는 데서 나온다.

단, 부자 되는 건 선택이지만, 가난해지지 않는 건 필수다.

35세까지 가난하면 그것이 당신 책임이다.

아주 논쟁적이고 도발적인 이 말은 가난하게 자랐지만 결국은 억만장자가 된 한 남자가 했다. 그는 알리바바 그룹을 창업해 중국에서 가장 유명한 기업가이자 세계적인 억만장자가 된 마윈馬雲이다.

가난하게 태어난 것은 당신의 잘못이 아니지만, 가난하게 죽는 것은 당신 책임이다.

이 말은 세계 부자 순위에서 1위 자리를 오랫동안 지켰고, 여전히 3위 안에 드는 빌 게이츠가 했다. 두 말의 맥락은 비슷하다. 절대 가난하지 말라는 것이다.

트렌드 공부
: 변화에 민감한 건 기본이다

엄밀히 트렌드Trend와 미래Future에 대한 공부다. 미래는 갑자기 오지 않는다. 늘 우리에게 단서를 주며 조금씩 다가오지만, 이를 외면하고 공부를 하지 않은 사람들에겐 미래가 갑자기 불쑥 온 듯한 느낌이 든다. 만약 당신이 새로운 변화와 트렌드, 미래의 기술이나 서비스가 너무 낯설게 느껴진다면 반성해야 한다. TV와 유튜브, 온라인에서 뉴스 검색하고 SNS에 쓰는 시간의 반의 반만 매일 할애해도 변화가 두렵지 않은 사람이 될 수 있다. 급변하는 시대를 살아가면서 변화에 민감한 건 기본이다. 철학자 프랜시스 베이

컨(1561~1626)이 말한 "아는 것이 힘이다_{Scientia est Potentia}"는 미래에도 여전히 유효한 메시지다. 트렌드와 미래에 대해 민감한 사람들은 어떤 직업을 선택하는 게 자신에게 유리할지, 어떤 공부를 할지, 어떤 기업 주식을 살지 혹은 어디에 투자할지 등 직접적으로 이익이 되는 결정을 하는 데 유리하다. **트렌드 공부야말로 가장 실용적이면서 쓰임새가 많은 공부이며, 가장 꾸준히 오래 해야 할 공부다.**

트렌드와 미래에서 가장 중요한 이슈는 새로운 기술이다. 기술이 산업을 지배하고, 그것이 곧 경제와 일상을 바꿔놓는 시대이기 때문이다. 결국 테크놀로지 공부는 트렌드와 미래를 파악하는 데서도 쓰인다. 어떤 기술이 올해 상용화되는지, 그 기술이 내년엔 어떻게 전개될지, 특히나 산업과 밀접한 기술의 추이는 더 잘 살펴야 한다. 가령, 전기차 배터리 관련 기술은 어떻게 진화하고, 핀테크에선 어떤 새로운 기술이 전개될지에 따라 산업의 속도와 그 속에서 손해와 이득을 볼 기업들이 갈린다. 이런 것만 잘 파악해도 투자에서 유리하다. 돈 공부도 자연스럽게 연결되는 게 미래와 트렌드 공부다.

트렌드와 미래에서 중요한 또 다른 이슈로는 영향력 있는 글로벌 기업들의 비즈니스 행보다. 그들이 어떤 사업을 어떻게 벌이느냐가 경제 및 생활에 영향을 주기 때문이다. 그리고 정책도 봐야 한다. 한국의 정책부터 미국의 정책, 필요하다면 중국이나 일본의 정책도 봐야 한다. 정부가 어떤 정책을 제시하고, 예산 편성에서 어떤 부분들이 추가되고 빠지느냐에 따라서 트렌드 변화가 생길 수 있다. 이러다 보니 기업이나 이익단체들이 정치권에 어떤 로비를 하고, 어떤 정책을 만들게 하는지 또는 만들지 못하게 하는지도 주목할 부분이다. 여기에 사회적 이슈와 문화적 이슈가 될 것은 어떤 것이 나오는지도 봐야 한다. 이런 이슈들이 우리의 욕망과 소비, 비즈니스를 바꾸는 데 영향을 주기 때문이다.

이런 걸 다 어떻게 하느냐고 반문하는 사람이 있을 것이다. 맞다. 이 모든 건 트렌드 분석가나 트렌드 연구소의 일이다. 여러분은 이런 곳에서 만들어놓은 트렌드 정보를 열심히 보는 것부터 시작해야 한다. 트렌드와 미래에 대한 얘기가 나오는 책이나 잡지, 각종 보고서까지 틈틈이 보면서 감을 키워야 한다. 혼자 보기 힘들면 스터디그룹을 만들어 함께 보면서 공부해도 좋다. 트렌드와 미래 공부는 시야를 넓히고, 새로운 기술과 이슈들을 계속 흡수하는 것이 중요하다. 그러니 일 년에 한 번 나오는 책 보며 공부하는 게 아니라, 연중 수시로 계속 공부해야 한다. 그렇게 쌓은 안목과 자질은 여러분이 할 판단과 의사결정에 강력한 힘이 되어 줄 것이다.

미래 예측 정보를 볼 때도 무조건 외우려 들지 말라. **미래와 트렌드를 공부할 때 4C 중 하나인 비판적 사고Critical Thinking는 아주 중요하다. '왜 그런 예측을 했는지'를 따져보는 게 가장 중요하다.** 바로 그것이 과거와 현재의 분석을 통해 논리적 개연성과 가능성을 보면서 그 예측이 나에게 어떤 영향을 미칠지, 어떻게 대응할지 고민을 시작할 수 있기 때문이다.

무작정 '예측이 맞았나 틀렸나' 같은 식으로 결과만 따져보는 건 아무런 득이 되지 않는다. 설령 예측이 틀리더라도 그 예측을 위한 분석을 보면서 인사이트를 얻는다면 불확실성을 좀 더 걷어내는 데 효과적이다. **결국은 예측 자체를 맹신하기보다, 예측에 대한 분석 내용을 이해하는 게 우리에게 정말 필요하다.** 미래는 현재 및 과거와 절대 무관하지 않고 그것들과 어떻게든 연결되기 때문이다. 현재를 제대로 알면, 미래는 좀 더 선명하게 보인다.

심리학 격언 중에 '미래의 행동을 가장 잘 예측하는 방법은 과거의 행동을 보는 것'이라는 말이 있다. 트렌드도 마찬가지다. 과거는 늘 현재와 미래의 흐름을 설명해주는 좋은 지표가 된다. 그건 트렌드가 갑자기 툭 생겼다 사라지는 게 아니라 과거와 현재, 미래를 이어주는 흐름이자, 우리의 라이프스타일과 정치, 경제, 사회, 문화 등 사회구조를 연결하는 흐름이기 때문이다.

경영학 격언 중에는 '미래는 예측하는 것이 아니라 창조하는 것'이라는 말도 있다. 미래란 오늘 어떤 시도를 하느냐에 따라 달라진다. 미래를 남이 만들게 하고 그걸 잘 따라가기보다는 스스로 자신에게 유리한 미래를 만들어가는 게 중요하다는 의미다.

두 가지 격언은 서로 상반되는 게 아니다. 둘 다 트렌드를 설명하는 격언으로도 쓰인다. 트렌드는 두 가지 맥락이다. 과거에서 이어지며 현재와 미래로 가는 흐름이면서, 동시에 현재가 창조한 결과로 나타나는 미래기도 하다. 트렌드와 미래 공부를 하다 보면 자연스럽게 역사와 사회학에 대한 공부도 더해진다. 좋은 공부는 늘 꼬리에 꼬리를 물게 만든다.

트렌드 분석은 어떤 이슈의 원인, 배경을 이해함으로써 그것을 둘러싼 인과관계를 파악하고, 사회를 다양한 관점으로 보는 것이다. 가설에서 시작해 구체적 근거와 논리적 타당성으로 가설의 타당성을 입증해 상대를 설득하는 일이기도 하다. 무슨 수학공식마냥 적용하면 딱 떨어지는 답이 나오는 것도 아니고, 실험실의 통제된 환경에서 할 수 있는 연구도 아니다. 연구 대상도 살아 있는 사람이자, 그 사람들이 서로 연결된 사회다. 그 사회는 반드시 이성과 논리만이 통하지도 않고, 유기적으로 생겨나는 수많은 영역들이 살아 있는 생명체마냥 변수를 쏟아낸다. 그래서 계속 주의 깊게 봐야 한다.

트렌드와 미래 공부는 암기 과목이 아니라 실험 과목이다. 배경과 방향을 이해하는 것이 무엇보다 중요하고, 그걸 자신의 상황에 대입해 해석해야 한다. 그러기 위해서라도 **트렌드 이슈를 해석할 때 넓은 스펙트럼으로 관찰하고 분석하는 것이 필요하다. 모든 해석의 중심에 자기 자신을 넣어라. 우리가 공부하는 이유는 남이 아니라 자기를 위해서다.** 그러니 어떤 트렌드건 어떤 미래의 이슈건 그걸 자신에게 적용해 어떻게 대응할지부터 고민하라.

이건 습관이자 태도다. 어릴 적부터 자연스럽게 신문과 잡지를 보면서 새로운 이슈를 접하고, 이를 가지고 글도 써보고 토론도 해보면서 이슈에 대한 지식과 생각을 심화시켜나간다. 내가 트렌드 분석가이자 미래를 연구하게 된 가장 큰 배경 중 하나가, 의도치 않았지만 어릴 때부터 이런 습관과 태도를 쌓은 것도 영향이다. 대개 좋은 것들은 단기 속성으로 얻을 수 없다. 꾸준히 오래 해야만 비로소 쓸 만한 안목이 만들어지기 때문이다.

예술 공부
: 삶의 가치를 결정하는 건 돈뿐만이 아니다!

일자리를 로봇과 자동화가 대체해가는 노동의 종말 시대에 인간은 노동이 없는 인생을 생각해야 한다. 인간에게 노동은 필수였는데, 이것이 빠지면 무엇이 중요해질까? 인문학과 예술이다. 인간은 노동을 통해 먹고사는 문제만 해결한 것이 아니라, 자아실현까지 이뤄냈다. 인생에서 가장 중요한 요소 중 하나가 바로 노동이자 직업인 셈이다. 그런데 이것이 흔들리면, 우리의 삶의 방향은 흔들릴 수 있다. 그 흔들림을 잡아주는 것이 바로 예술Art이다.

예술가가 되는 공부가 아니라 예술을 충분히 즐기고 누

리는 공부가 필요하다. 그리고 이런 공부가 심화되면 예술가가 될 수도 있다. 예술가가 별거인가? 누구나 자신이 추구하는 예술적 가치를 심화시키고, 그 가치를 타인과 공유하는 순간 예술가가 된다. 예술가가 되는 데 무슨 자격이 필요한 게 아니다. 예술에 대한 엘리트 주의도 사라지고 있다. 그들만의 리그 같은 카르텔이 존재했는데, 하나둘 깨지고 있다. 소셜미디어가 바꾼 영향이기도 하고, Z세대들에겐 더더욱 예술과 예술가를 둘러싼 기성세대식 관성이 무너지고 있다. 이는 알파 세대(Z세대의 다음 세대)에선 더 확연해질 것이다.

이미 대규모 산업으로 성장한 웹소설, 웹툰, 소셜미디어를 통해 팝아트와 퍼포먼스가 더 확대될 테고, 누구나 디자이너가 되고 누구나 포토그래퍼와 영상 디렉터가 되는 시대다. 이런 시대에 예술을 과거의 관성에만 의존해 엘리트 주의로만 바라보거나, 예술을 편하고 쉽게 누리지 못하는 건 결국 자기 손해다.

음악, 미술, 영화, 문학, 무용, 건축 등 무엇이든 좋다. 이를 즐기고 누리는 취미와 취향은 필수다. 노동하지 않는 사회에서 살아가기 위한 인생의 반려 요소이기도 하고, 로봇과 기계가 결코 넘보지 못할 가치를 만들어내는 영역이기도 하다. 로봇이 따라하고 비슷하게 하겠지만 그래봤자 사람이 해놓은 것을 흉내내는 데 불과하다. 오리지널Original이 아니라 언오리지널Unoriginal인 것이다. 사람이든 로봇이든 언오리지널로는 높은 가치가 되지 못한다. 인간을 가장 인간답게 하는 행위가 예술이다.

노동의 종말 시대, 인간의 경쟁력이 유지될 분야로 예술 분야가 가장 높다고 생각하는 사람들이 많다. 인공지능과 로봇이 대가의 작품을 감쪽같이 흉내내기는 하겠지만, 그런 모방이 예술의 주류가 될 수 없기 때문이다. 그런데 그건 상위의 대가들 얘기다. 독보적인 우위를 점하는 건 상위 1%, 후하게 쳐도 10% 얘기다. 그외 나머지는 아무리 예술 분야라도 인공지능과 로봇에 대체가 가능하다.

사실 예술과 창작의 과정에서도 반복적이고 규칙적인 작업이 꽤 있다. 인공지능이 음악을 연주하면 사람보다 훨씬 정확하고 실수도 없을 수 있다. 결국 예술의 기능적, 기술적인 역할에서 사람을 능가하거나 대체할 인공지능과 로봇은 얼마든지 나올 수 있다.

그럼에도 예술은 인간이 마지막까지 지킬 분야다. 엘리트 예술이 아니라, 우리 모두가 예술을 전방위적으로 즐기는 문화를 통해서다. 즐기기 위한 예술은 최고가 되거나 직업적으로 하자는 게 아니다. 악기를 배우고, 그림을 그리고, 글을 쓰고, 영상도 찍어보면서 우린 인간답게 여가를 즐기고, 설령 노동이 사라진 시대에도 자아실현을 한다. 써먹기 위한 공부, 돈 버는 데 도움이 되는 공부가 아닌 오로지 내가 즐거워지려고 하는 공부도 필요하다.

예술적 소양을 쌓는다면서 입시 스타일로 다가가는 사람들이 있다. 부모가 자녀를 미술관에 데려가서 설명하기 바쁘다. 제일 꼴불견이다. 설명도 틀린 것이 많은 데다, 전형적인 암기 스타일로 단편적 사실을 전한다. 아마 그 설명 때문에 아이가 전시 작품들을 보는 데 오히려 방해가 될 것이다. 어쩌면 미술관이나 예술에 대한 흥미를 잃어버리는 원인이 될지도 모른다.

도쿄의 유명 관광명소가 된 지브리 미술관Ghibli Museum은 사진 촬영 금지가 원칙이다. 〈이웃집의 토토로〉, 〈센과 치히로의 행방불명〉, 〈하울의 움직이는 성〉 등 수많은 히트작을 만들어낸 미야자키 하야오 감독의 지브리 스튜디오가 만든 미술관이다. 작업실을 재현해두고, 애니메이션을 만드는 원리와 과정을 고스란히 보여준다. 사진 촬영을 금지하는 이유는 그들의 창작품과 창의력을 보호하기 위해서가 아니다. 아이들이 마음껏 놀도록 두지 않고 부모가 사진 찍어준다며 아이들에게 포즈를 요구하지 못하게 하기 위해서다.

특히 이곳에서는 짧은 애니메이션을 상영하는데, 이미 만들어진 유명 작품을 짜깁기하거나 적당히 편집해서 보여주는 게 아니라 매달 한 편씩 새로운 애니메이션을 만든다. 미술관 관객을 위해 전용으로 만드는 셈인데, 놀랍게도 편당 제작비가 수십억 원씩 든다. 지브리 스튜디오의 유명세와 인기 작품을 이용해 돈 벌려는 발상으로 만든 미술관이라기보다, 아이들에게 애니메이션에 대한 흥미와 창의적 경험을 하도록 만들었다는 착각까지 하게 만든다. 그들의 의도와 진심은 모르겠으나(사실 상관도 없다) 그들의 행동만큼은 박수 받을 만하다. 그리고 이건 부모들이 배워야 하는 태도다.

창의력과 예술적 감수성은 스스로가 즐겁게 몰입할 때 키워지고, 그러기 위해선 돈과 시간을 투자해야 한다. 평소 전시와 공연을 자주 보는 사람들이 그렇지 않은 사람보다 유리할 수밖에 없다. 보고 듣고, 자연스럽게 느낀 점들이 쌓이기 때문이다. 이건 암기해서 얻을 수 없는 것이다. 아무리 책으로 작품을 접하고 자세한 설명을 읽어도, 직접 보면서 얻을 수 있는 게 따로 있다. 우리에게 필요한 건 시험 치기 위한 예술 공부가 아니다.

김환기의 〈론도〉를 관람하는 관객의 모습. 프로페셔널 스튜던트가 해야 하는 필수 공부 중 하나인 예술Art 공부는 일자리가 로봇과 자동화에 대체되는 노동의 종말 시대에 흔들리는 삶의 방향을 잡아줄 수 있을 뿐만 아니라 미래를 대비하는 가장 즐거운 방법이다. (출처 : 연합뉴스)

멀리 갈 것도 없다. 서울에서 매년 열리는 전시가 최소 수천 개가 넘는다. 유료 전시라 해도 커피값 정도 아끼면 갈 수 있는 데도 많고, 무료 전시도 많다. 오페라나 발레, 클래식 연주회 등 공연도 매년 수천 회 이상 열린다. 서울에는 조선시대 건축물부터, 세계적인 건축가들의 건축물, 신진 건축가들의 도전적 건축물까지 다양한 건축물이 있다. 건축물 보는 데 돈 들지 않는다. 습관처럼 꾸준히 둘러보기만 해도 된다. 그렇게 창의력과 예술적 감수성이 쌓인다. 악기 연주나 발레, 미술, 도예, 문학 등 창작자들에게 직접 배울 수 있는 기회도 셀 수 없이 많다. 지자체나 공공기관에서 운영하는 아주 저렴한 프로그램이 있고, 유튜브에서도 관련 콘텐츠가 많으니 무료로 배울 수 있다. 예술 분야 책도 셀 수 없이 많다. 이렇게 좋은 환경이 있는데도 예술을 가까이하지 않겠는가? 이건 자녀교육에서만 필요한 게 아니라, 성인들도 해야 한다. 예술 공부는 미래에 대한 대비 중 가장 즐거운 방법이다.

생존력 공부
: 어떤 상황에서도
살아남아야 한다!

코로나19 팬데믹을 겪으면서 위기에 대한 경각심을 가진 이들도 있지만, 여전히 무신경한 이들이 있다. 코로나19 이후 또 다른 전염병과 그로 인한 팬데믹이 발생할 수 있고, 지구온난화로 인한 위기는 더 가시화되었다. 이상기후가 뉴노멀이 되었을 정도로 기후위기가 초래할 인류의 생존위협도 현실이다. 코로나19 팬데믹을 겪으면서 침체된 경제에 대응해 각국은 막대한 돈을 풀어 경기를 부양시켰는데 이것이 또 다른 경제위기를 부를 가능성이 있다. 자국이기주의에 따른 국제적 갈등과 분쟁 가능성도 커졌다. 부의 양극화는 더 심해지고, 정치에서의 극우화와 집단이기주의도 위험 수위에 이르렀다. **우리를 둘러싼 위기가 우리를 심각한 위험에 빠뜨릴 가능성은 더 커졌다. 이런 상황에 로봇과 자동화에 의한 일자리 대체와 감소도 더해진다. 이것이야말로 우리가 맞이한 현실이자 미래다.**

우린 생존을 염두하고 살아야 한다. 강한 자가 살아남는게 아니라 살아남는 자가 강한 자다. 살아남으려면 결국 적응과 진화가 필요하다. 적자생존適者生存, Survival of the Fittest은 가혹한 말이다. 새로운 변화에 즉각 적응하고 자신을 진화시키지 못하면 죽는다는 의미니까. 당신의 자녀가 미래에도 당당히 생존하길 바란다면 돈을 주기보단 생존력Survival을 키워주는 게 우선이다.

재벌가 자녀나 고위 정치인의 자녀, 고소득 전문직의 자녀 등이 유리하긴 하지만, 이들 모두 성공하는 건 아니다. 온실 속에서 생존력 없이 자라서 마약과 범죄, 사기에 휘말리거나 사고뭉치로 부모를 곤란한 상황에 빠뜨리는 경우도 얼마든지 많다. 혼자 힘으로 생존할 수 있게 키워주지 않은 탓도 크다. 세계적 부자 중 자식에게 유산을 최소한만 주거나, 자녀를 유학 보낼 때도 아르바이트해서 생활비를 벌게하는 하는 경우가 종종 있다. 돈을 물려주는 것보다 더 가치 있는 것이 생존력을 물려주는 것임을 알아서다.

세렝게티에서 절대적 강자인 사자의 생존율은 평균 20%인데, 상대적 약자인 초식동물의 생존율은 30~40%로 오히려 더 높다. 아무리 빠르고 강력한 맹수라도 늘 사냥에 성공하는 것은 아니며 힘없는 초식동물이라도 다가오는 위협을 빨리 발견해 끈질기게 도망가면 살아남기 때문이다. 초식동물은 포식자의 위협 속에서 많이 번식하고, 일부를 희생시켜 나머지를 살리는 생존전략도 쓴다. 반드시 강한 자가 오래 사는 것이 아니다. 최선을 다하고, 생존력을 가진 자가 오래 산다. 만약 사자가 초식동물의 생존본능까지 갖춘다면 어떻게 될까?

그런 점에서 생존력 공부는 가장 현실적인 공부다. 동물적 생존력이든, 사회적, 경제적 생존력이든 우리에게 다 필요하다. 다양한 위기와 직면해야 하기 때문이다. **이겨본 사람이 잘 이긴다. 싸워본 사람이 잘 싸운다. 생존력은 위기에 맞서 싸워보고 이겨보는 경험이 쌓여야 생긴다.**

생존력에서 가장 중요한 건 자기 자신을 믿는 것이다. 맹목적으로 믿으라는 게 아니라, 스스로를 믿을 수 있도록 스스로의 경쟁력을 갖춰놓는다는 의미다. 남이 아니라 자신에게 평가받아야 한다. 남을 속이긴 쉬워도 자신을 속이기는 어렵다.

생존력에서 두 번째로 중요한 건 결단이다. 타이밍은 늘 중요하다. 그리고 그 타이밍은 운이 아니라 결단과 판단의 산물이다. 주저하다간 늘 기회를 놓치고 위기만 온다. 결단은 타고나는 게 아니라 훈련된 결과다. 앞서 돈 공부에서 실물경제에 투자해보는 경험들이 결단력을 키우는 데 도움이 되는 것처럼, 어떤 상황이 생길 때 직접 판단하고 그에 따른 결과를 책임지는 태도를 갖는 것이 모두 훈련의 과정이다. 이런 태도는 공교육이나 사교육보다 가정교육에서 잘 키워줄 수 있다. 부모가 자식에게 하는 교육이거나, 부부면 서로 주고받는 교육이다.

앞서 다룬 테크놀로지, 돈, 트렌드, 예술을 공부하면 할수록 생존력 공부는 수월해진다. 아는 것이 힘이고, 제대로 아는 사람은 사회적, 경제적 생존력도 높을 수밖에 없다.

"회사가 전쟁터라고? 밀어낼 때까지 나오지 마라. 밖은 지옥이다."《미생》의 명대사 중 하나다. 직장인들이 가장 열광했던 대사 중 하나인데, 그만큼 회사 그만두고 자영업 하다가 망할까 봐 두려워한다는 의미다. 하지만 걱정 마라. 지옥에서도 누군가는 살아남는다. 살아남는 누군가는 평생 직장생활해도 못 이룰 부와 성취를 몇 년 만에 거두기도 한다.

지식노동자의 가치는 나이가 정하는 게 아니라 실력이 정한다. 실력이 있고 가능성이 있는데도 도전하지 않고 버티기만 하다간 있던 실력의 가치도 하락한다. 우리가 말하는 생존력은 죽지 않고 근근히 버티는 생존이 아니라, 제대로 가치를 발현하며 나아가는 생존이다. 도전에도 다 때가 있다. 도전이 두려워 복지부동하며 버티기만 하다간 도전할 기회 자체를 잃어버린다. 버틴다고 해봤자 60세다.

100세 시대의 미래를 얘기하는 요즈음 이미 현재도 평균수명이 80대 중후반인데 60세까지 근근이 버티는 것으로는 노후가 해결되지 않는다. 적어도 70대 이상까진 일해야하는 시대다. 즉 자신의 경쟁력을 계속 키워야 하고, 새로운 도전을 계속 해나가야 한다. 그런 도전이 두려워 버티기만하다간 도전을 위한 골든타임을 놓치게 된다. 오히려 그게더 지옥 같은 상황이다. 생존력은 위기도 싸워서 극복할 수있는 에너지다.

2020년 3월 초 코스피지수가 2000선이던 것이, 팬데믹이 선언되고 폭락하며 3월 중순에 1400선까지 내려왔다. 이때를 기회로 여기고 주식을 산 사람도 있지만, 생각만 하고 행동으로 옮기지 못한 이들도 많았다. 두려움을 이겨내고 도전한 사람들은 어떻게 되었을까? 3월 말에 1700선까지 반등하고, 4월에 1800선을 넘고, 1900선까지 넘더니, 5월에 2000선을 넘어 팬데믹 이전 수준을 회복했다. 그러고도 계속 지수는 상승해서 2021년 1월 초 3100선을 넘었다. 채 10개월이 되지 않은 기간에 코스피 지수로만 2배 이상이 올랐다. 개별 종목 중에선 몇 배씩 오른 종목도 있고, 꽤 많은 주식이 신고가를 경신했다. 두려움에 굴하지 않고 도전을 선택한 이들로선 놀라운 수익을 봤다.

도전할 수 있는 결단력도 능력이다. 무능한 사람들은 도전은 하지 않고 남들이 도전해서 거둔 놀라운 성과를 보며 배 아파하기만 한다. 이건 스타트업 창업도 마찬가지다. 흥미로운 사업 아이디어로 단기간에 이슈가 되어 큰 성과를 거두는 걸 보면서, 저런 아이디어는 자기도 예전에 생각해 봤다며 얘기하는 사람이 수천 명씩 나온다. 도전하고 성공한 이들 뒤에서 배 아파서 자기 위안하는 소리다. 아무리 좋은 아이디어가 있어도 실행하지 않으면 소용없다. 생각만으론 누구나 주식고수 되고, 누구나 부자 될 거 같지만, 생각과 실행은 하늘과 땅 차이다. 결국 결단하고 실행하는 사람, 그 속에서 위기에 맞서 싸우는 사람만이 성공을 거둔다.

언더독Underdog은 스포츠에서 우승이나 승리 가능성이 낮은 팀이나 선수, 즉 약자를 지칭하는 말이다. 생존 경쟁에서의 패배자, 낙오자이기도 하며, 사회적 부정이나 박해에 의한 희생자이기도 하다. 요즘 한국에서 유행어처럼 번지는 흙수저라는 말과도 상통한다. 반대말은 지배계급의 일원을 의미하는 오버독Overdog, 승자나 우세한 쪽을 의미하는 탑독Topdog이 있다.

개에 빗대서 승자와 패자를 가르는 말을 만든 건, 투견장에서 이기는 개가 위에 있고, 지는 개가 아래에 깔려 있는 것에서 유래했다는 설과 함께, 사냥개 훈련에서 유래했다는 설도 있다. 곰을 제압하는 사냥개를 훈련시킬 때 강한 개는 곰의 머리를, 약한 개는 곰의 하체를 공격하도록 훈련했다고 한다. 당연히 하체를 공격하는 언더독이 죽을 확률이 더 높았고, 언더독들의 희생을 바탕으로 탑독이 곰을 제압하는 셈이다.

사냥개나 사람 세상이나 강자들은 늘 더 주목받는 위치에서, 더 유리하게 살아간다. 반대로 약자는 희생을 기본적으로 강요받는다. 약자는 다수이고 강자는 소수다. 소수인 강자가 유리한 룰을 계속 이어가며 입지를 지켜낸다. 뉴노멀은 룰이 바뀌는 시기다. 세상이 급변하고 혼란스러울 때가 언더독에겐 기회다.

'없는 자가 이긴다'는 말에서 한 글자만 더하면 완벽한 문장이 된다. 바로 '겁 없는 자가 이긴다'이다. '가진 게' 없는 사람이라면 '겁' 없이 덤벼야 이길 수 있다. 가진 것도 없으면서 겁까지 많아서 주저하고 관성을 따르면서 개천 탓만 하고 구조적 문제 타령만 할 것인가? 정부와 정치가 당신의 무능까지 해결해주지 못한다. 당신의 꿈까지 해결해주지 못한다. 겨우 먹고사는 게 당신의 인생 목표는 아닐 것이다.

없는 자에게 가장 필요한 건 겁 없는 싸움꾼의 기질이다. 세상은 순진하지 않다. 정글 같은 전쟁터에서 순종적인 노예근성을 착한 것이라 착각해선 결코 싸움에서 이길 수 없다. 가진 것(기득권) 없는 자는 잃을 것도 없다. 지킬 것 때문에 이성을 잃는 사람들이 아니다. 돈과 지위, 명예 등 기존에 지킬 것들이 많은 이들일수록 과감한 도전을 하기 어렵다. 상대적으로 보수적이고, 소극적이기 쉽다. 그런데 가진 것 없는 이들이 보수적이고 소극적인 건 안타깝다. 잃을 것도 없으면서 지키려고 하는 것 자체가 난센스이기 때문이다. 물론 가진 것 없는 상태에 만족해서 그럴 순 있겠지만, 비겁한 걸 소박한 것으로 포장하진 말자.

인맥(백그라운드) 없는 자도 기회다. 이 또한 이해관계의 고리나 지킬 것들로부터 자유롭다는 것이 가진 장점이다.

자신의 신념을 위해 올인할 수 있다는 것은 언더독에게 가장 무서운 무기가 된다. 이것저것 얽힌 것도 많고, 신경 쓰는 사람도 많다 보면 절대 공격적으로 도전하기 어렵다. 좋은 인맥이 있으면 유리한 건 분명하다. 지금도 미래에도 마찬가지다. 하지만 인맥 없는 자가 가진 불리함은 줄어들었다. 돋보이는 능력이 있다면 인맥 없어도 기회를 만들 수 있다. 그러니 자신이 인맥 없어서 성공하지 못했다거나, 흙수저여서 기회가 없다며 자괴감 갖지 말고, 불리하다고 불평하지 말라는 것이다. 불평만 해선 결코 바뀌지 않으니까. 생존은 행동의 문제다. 생존력 공부의 핵심은 실행력을 키우는 것이다.

이기적, 계산적이되 포용적인 공부가 필요하다

솔직해보자. 그동안 충분히 이기적으로 계산적으로 공부해왔다. 세상을 구하려고, 남을 위해 공부하기보다는, 자기가 출세하고 성공하기 위해 공부했다. 자녀들의 교우관계를 얘기할 때도, 내 아이를 위한 교우관계를 원하는 것이다. 내 아이에게 이로운 친구들을 사귀고, 아이의 사회성을 함양하는 데 도움되는 관계를 원한다. 내 아이가 다른 아이의 사회성을 키우는 데 들러리가 되기 위해 학교교육의 교우관계를 얘기하는 게 아니다.

개인이 교육을 바라볼 때 이런 관점이 우선이 될 수밖에 없다. 경쟁에서 이기고 싶은 것이지 함께 공존하고 연대하길 바란 게 아니다. 이타적이어서 친구들 도와주고 챙겨주며 좋은 사람 되게 하는 것보다 이기적이어도 성적 잘 나오고 좋은 대학에 진학할 수 있다면 그걸 더 우선시한다. 교육의 미래를 얘기하면서도, 사회적 관점이 아니라 철저히 개인적 관점에서 자기 자식과 자신이 어떤 공부를 하면 더 이익이 되는지 궁금할 뿐이다.

개인이 교육을 자기계발적 관점으로 보는 건 당연하다. 사회적 관점으로 혹은 경제적 관점으로 교육을 바라보는 건 관련 전문가나 정책 결정자의 입장일 뿐, 개인은 철처히 자기 중심적일 수밖에 없다. 자신의 미래, 자신의 직업, 자신의 이해관계와 밀접한 문제이기 때문이다. 함께 잘 살자는 멋진 명분보다 나부터 우선 잘 살자는 것이 더 현실적이다. 그럼 앞으로도 계속 이기적, 계산적으로 공부해야 할까?

탐욕과 이기심은 본능이 아니다. 이 또한 학습된 결과다. 남을 짓밟고서라도 경쟁에서 이기라고 가르치거나 나만 잘 살면 된다는 식으로 가르쳤고, 그 때문에 똑똑하고 명문대 나왔지만 사악하고 탐욕적인 경우도 많이 봤다. 그것이 사회에 끼치는 해악도 크다. 단지 이런 해악 때문에 공부의 방향이 바뀌어야 하는 게 아니다. 사회와 산업 구조가 바뀌고,

양극화가 계속 심화되기 때문이다.

미래는 극단적 양극화가 될 가능성이 크다. 중간층, 소위 중산층이란 개념이 사라질 수 있다. 소수의 상위층과 다수의 하위층이 존재할 수 있다. 한 국가 내에서만 그런 게 아니라 국제 사회도 그렇다. 상위의 국가들과 하위의 국가들의 간극은 더 벌어진다. 자국이기주의는 더 커질 수 있다. 위기의 악순환이 된다. 이런 시대의 공부는 결국 포용적이어야 한다. 변화에 대한 포용, 다양성에 대한 포용, 공존과 상생에 대한 포용이 필수다. 위기에 대응하는 건 결국 사람의 몫이다. 이기적인 목적, 출세를 위한 공부가 전부가 될 수 없는 시대가 되어야 우리가 모두 살아간다. 그것이 안 되면 SF 장르에서 그리는 암울한 디스토피아의 미래가 현실로 다가올 수밖에 없다.

결국 포용하는 리더를 키우는 게 지금 자녀교육을 하는 부모들의 첫 번째 목표가 되어야 한다. 자녀뿐 아니라, 지금의 직장인들도 포용적인 공부가 필요하다. 독불장군의 시대는 끝났다. 남을 짓밟고 성공하는 시대도 끝났다. 어떤 말, 어떤 행동을 했는지 고스란히 다 드러나는 시대이고, 과거의 과오가 치명적 결과를 만들어내기도 한다. 미래엔 인성 나쁜 사람은 인재가 될 수 없고, 리더도 될 수 없다. 이건 사람들이 착해지고 정의로워져서 그런 게 아니라 시대가 진화해서다. 다양성, 포용성은 선택이 아닌 필수다.

그리고 애초에 공부 자체는 세상에 빚을 지는 일이다. 우린 공부를 통해 수많은 사람들의 시간, 노력, 시행착오가 쌓인 결과물을 배운다. 지식은 집단지성과 사회가 만들어낸 산물이기도 하다. 공부 자체가 사회와 사람들에게 빚을 지는 것이기에 탐욕과 이기심으로 공부를 이용하는 건 사악한 일이다. 기성세대는 안 그래도 되었지만, 앞으로는 다르다. 극단적 양극화가 되도록 방치하면, 결국 모두가 손해다.

두 번째 목표는 자신을 지키는 공부다. 내가 잘되어야, 내가 능력이 있어야 남에게 민폐를 끼치지 않는다. 능력은 의지가 아니라 실행의 결과다. 무능은 개인에게도 해가 되지만, 사회 전체로도 해가 된다. 그러니 자기 자신만큼은 온전히 지킬 수 있는 사람으로 키워야 한다. 자신을 지키는 공부가 필요하다. 실용적 공부가 필요하고, 새로운 기술과 스킬을 계속 배워가는 걸 당연시해야 한다. 시험 치기 위해서가 아니라 자신을 위해서 공부해야 한다.

그동안 누가 시켜서 공부하는 사람들이 많았다. 시키는 것만 공부한 사람도 많았다. 이제 공부는 남이 시킨 것만 해선 안 된다. 자기 스스로가 자신에게 뭘 공부할지 시켜야 한다. 주도적이고 능동적인 공부 태도가 필요하다. 적극적으로 자신을 지키려 들지 않는 자는 무책임한 자다. 과거나 현재나 미래나 공부가 무기가 되는 건 마찬가지다. 다만 미래의 공부는 철저하게 자신이 주인공이어야 하는, 자기 맞춤형 공부여야 한다.

실력을 쌓아 어떤 위기 상황에서도 독자 생존이 가능할 능력을 갖춰라. 정부와 사회가 개인을 지켜주는 데는 한계가 있다. 공정, 평등, 상생 등의 말은 참 좋지만 현실에선 잘 지켜지지 않는 키워드다. 아무리 정부나 정치, 사회가 노력해도 공정, 평등, 상생이 완벽해지는 건 불가능할 테고, 지금보다 나아지는 데도 꽤 오래 걸린다. 그러니 이걸 믿고 살 수는 없다. 공정하지 않고 평등하지 않은, 기회와 상생이 보장되지 않는 사회에서 믿을 건 자신의 실력뿐이다. 사회가 대신 해주길 바라며 기다리기보다 당장 자신의 실력을 키워서 불공정과 불평등의 벽을 뚫고 가면 된다.

이 책에서 공부는 결국 자기 자신을 위한 일이다. 세상을 바꾸고, 사회를 더 살기 좋게 만드는 것도 필요하고 중요하지만, 개인의 힘으로 이루기엔 한계가 크다. 결국 개인은 자기 자신을 잘 지키는 게 최선이다. 자신을 충분히 지킬 힘이 있을 때, 세상도 바뀐다.

세 번째 목표는 자신을 이해하는 공부다. 당신이 모르면 누구도 모른다. 당신 자녀가 뭘 잘하는지, 뭘 하고 싶은지, 당신은 뭘 잘하고 어떤 목표가 있는지, 이건 남이 알 수 있는 게 아니다. 남에게 이걸 자문받으려 돈 쓰기보다 스스로 답을 찾기 위해 시간과 노력, 돈을 투자해야 한다. 초중고 12년간 입시를 위해 쓴 사교육 비용의 최소 반만이라도 자신이 뭘 진짜 좋아하는지 알아내기 위해 다양한 경험에 기회비용으로 쓰자. 자녀에게 줄 수 있는 최고의 교육이자 선물이 바로 이것이다. 그리고 이미 자신이 성인이 되었다고 해도 늦지 않다. 자신을 알아가는 공부에서 늦은 때란 없다.

목적지 없는 항해는 허무하고 지리하다. 목적지를 제대로 찾기 위해서라도 알아야 한다. 유망한 직업이라고 뉴스에서 본 것으로 즉흥적으로 미래를 정하지 말고, 자기 점수에 맞춰서 전공과 미래를 함부로 정하지도 말아야 한다. 남의 인생이 아니라 자신의 인생, 유일무이한 존재인 당신 자신의 인생을 살아가는 것이다.

분명 이 책이 출간된 후, 자녀의 진로에 대해서나 자신의 직업에 대해서 집요한 질문을 받게 될 거라 생각한다. 이메일이 쏟아질 것도 예상한다. 한결같이 자녀가 뭘 전공하면 좋을지, 어느 대학에 가면 좋을지, 어떤 직업을 갖는 게 유리할지 구체적으로 알려달라고 요구하는 질문들일 것이다. 여기서 미리 답하겠다. 당신이 어떤 사람인지, 뭘 잘하고 뭘 좋아하고 어떤 꿈을 가졌는지 나는 모른다. 알지도 못하는 사람에게 조언하는 건 불가능하다. 모두에게 막연히 좋은 전공, 좋은 직업이란 없다. 그런 걸 묻는다면 전교 1등 하고 서울대 의대 가라거나, MIT 가라는 얘기밖엔 못 해준다. 분명 틀린 답은 아니지만, 이런 답을 듣고 싶지는 않을 것이다.

이건 당신에게 어울리는 옷을 골라주는 게 아니다. 옷이야 맘에 안 들면 갈아입을 수 있고, 잘못 골라 입었다고 큰일 나는 것도 아니다. 하지만 이건 진로이자 인생이 달려 있다. 당신이나 당신 자녀가 어떤 사람이고, 뭘 잘하고 뭘 좋아하는지 가장 잘 아는 사람은 당신 자신이자 당신의 자녀들이다. 바로 당사자니까. 만약 당사자가 자신이 어떤 사람인지 모른다면, 그건 세상에서 그 누구도 모른다.

네 번째 목표는 시험 스킬이 아닌 진짜 공부를 하는 것이다. 문만 잘 여는 스킬이 아니라, 문 열고 들어가서 진짜 본론을 잘 풀어가는 공부를 해야 한다. 점수 높이는 공부법, 좋은 대학 가는 공부법, 취업시험 잘 치는 공부법, 면접 스킬 등과 같은 공부법, 즉 공부 기술에만 관심 가졌던 당신이라면 이제 진짜 공부에 관심 가져보라. 앞선 공부들은 한결같이 들어가는 데만 초점이 맞춰진 공부다. 들어가고 나면 써먹히지 않는 공부들이다. 정작 중요한 건 들어가고 나서다. 진짜 성과를 만들어내고 성공을 이루는 건 그 단계이기 때문이다. 결국 계속 공부하는 프로페셔널 스튜던트가 되어야 할 가장 결정적 이유다. 멈춰 있는 자는 성장할 수 없고, 성장할 수 없는 자의 미래는 불안해지기만 한다.

당신의 인생에서 공부에 가장 많은 시간과 노력을 투자한 시기가 언제인가? 중고등학교 다니던 10대인가, 아니면 대학 다니고 취업 준비하던 20대인가? 평생 할 공부의 80~90%를 10~20대 때 했다는 사람이라면 반성해야 한다. 과거엔 그래도 되었지만 이젠 그러면 큰일 난다. 미래를 위해선 30대, 40대, 50대, 60대가 10~20대보다 공부의 질을 높여야 한다. 프로페셔널 스튜던트가 된다는 것은 안주하지 않겠다는 의미다. 지위와 나이를 과감히 내려놓겠다는 의미다. 용기가 필요하다. 그리고, 족집게 단기 속성 과외로 공부하는 방식을 버려라. 더 이상 시험 치는 공부가 필요한 게 아니다. 제대로 이해하고, 실행할 수 있는 공부가 필요하다.

이 책에선 공부의 방향이자 전략을 제시했다. 아무리 열심히 해도 방향과 전략이 틀리면 시간 낭비, 돈 낭비, 노력 낭비가 된다. 이 책은 시간 낭비, 돈 낭비, 노력 낭비를 줄여주기 위해서 썼다. 부디 스스로를 잘 지키길 바란다. 당신의 미래가 어떻게 될지, 지금 당장 확신할 수는 없다. 다만 실력 없고 힘없는 자의 미래가 훨씬 가혹하고 힘들 수 있다는 건 안다. 세상 탓, 남 탓, 시대 탓 해본들 인생이 달라지지 않으니, 그 에너지와 시간을 모아 자신에게 실질적, 실용적 이익이 될 공부에 투자해야 한다. 개인이 가질 유일한 무기는 결국 실력이다.

마지막으로 한마디만 하겠다.

"당신은 어떤 사람으로 기억되길 바라는가?"

그냥 무난하고 평범하게 살아서 기억조차 잘 되지 않는 시시한 사람이거나, 한때 잘나갔지만 나중에 별 볼 일 없어진 사람으로 기억되길 원하진 않을 것이다. 공부는 잘하는데 탐욕적이고 무능한 사람으로 기억되고 싶지도 않을 것이다. **당신이 원하는 대로 세상이 당신을 기억하게 하려면, 당신은 계속 성장해야 한다. 프로페셔널 스튜던트**Professional Student**가 되어야 한다.**

Part 1
진짜 위기의 시작! 실력자만 살아남는다

_ [단독] 토머스 프리드먼 '코로나 다음 대재앙은 기후변화 팬데믹', 2020.12.21, 매일경제

_ 세종시, 미래형 '자율주행 특화 도시'로 급부상, 2020.12.10, 세종 포스트

_ 아마존 '죽스' 첫 자율주행 택시 공개…양방향 주행에 시속 120km, 2020.12.15, 조선비즈

_ LG '자율형 살균로봇' 美 B2B 시장 누빈다, 2020.12.20, 전자신문

_ [무역 1조 달러 부활 전사들 ②로봇] 200조 시장 둔 글로벌 경쟁 … 대기업 끌고 정부 밀고, 2020.12.15, 아주경제

_ [2020 국감] '학벌 대물림' 심화 … SKY 의대 신입생 74%가 고소

득충, 2020.10.12, 이데일리

＿ 2020년 의대 신입생 중 46.4%가 수도권 출신, 서울 27.7%, 2020.10.12, 이데일리

＿ 4차 산업혁명 시대에 대응한 주요국의 일자리 정책, 서울대학교 산학협력단, 2017.12

＿ 2 Billion Jobs to Disappear by 2030, Thomas Frey, Feb 3, 2012, Business Trends

＿ https://futuristspeaker.com/business-trends/2-billion-jobs-to-disappear-by-2030/

＿ Frey, C. B. & Osborne, M. A.(2013), The Future of Employment: How Susceptible Are Jobs to Computerisation?, Working Paper.

＿ McKinsey(2017.11), 〈Jobs lost, jobs gained: Workforce transitions in a time of automation〉

＿ https://www.mckinsey.com/featured-insights/future-of-work/jobs-lost-jobs-gained-what-the-future-of-work-will-mean-for-jobs-skills-and-wages#

＿ 2020 KPMG AVRI(Autonomous Vehicles Readiness Index), 2020.7, KPMG

＿ 《100세 인생100-year life: living and working in an age of longevity》(2016), 린다 그래튼, 앤드루 스콧 저, 안세민 역, 클, 2020

＿ 《노동의 종말The End of Work》(1996), 제러미 리프킨 저, 이영호 역, 민음사, 2005

＿ 《로봇의 부상Rise of the Robots: Technology and the Threat of a Jobless Future》(2015), 마틴 포드 저, 이창희 역, 세종서적, 2016

Part 2

프로페셔널 스튜던트에게 대학이란?

__ 앞으로 10년간 전 세계 대학 절반 사라질 것, 2020.1.20, 조선일보

__ 연세대 강의, 온라인으로 일반인도 본다, 2020.7.7, 매일경제

__ 원격강의 제한 풀어야 … 중세 대학처럼 몰락하지 않으려면, 2020.5.12, 조선일보

__ 20년 배운 지식 500원짜리밖에 안 돼, 2004.4.3, 매일경제

__ [여시재 대화/염재호 전 고려대학교 총장] SKY 졸업장 10년 내 의미 없어질 것, 2020.5.26, yeosijae.org

__ 2030년 현존 대학 절반 도산 … 마이크로 칼리지가 대안, 2017.9.17, 서울경제

__ 내년 대학정원 〉대입자원 … 5년 뒤면 대학 갈 학생 40만 명 밑으로, 2019.8.11, 연합뉴스

__ 2020년 4년제大 60곳 학생 1명도 못받아 … 교육이 뿌리째 흔들, 2018.6.18, 매일경제

__ MIT 4년을 1년에 온라인 독학으로 뚫었다, 울트라러닝 시대, 2020.11.1, 조선일보

__ 19세기 교육 21세기 학생 "2030년 대학 절반 문 닫는다", 2018.7.26, 중앙일보

__ 김무환 포스텍 총장 "문·이과 융합교육 … 다방면 지식 갖춘 폴리 매스형 리더 키울것", 2020.12.8, 매일경제

__ 〈2019 한국의 사회지표〉, 통계청, 2020.6

__ 〈경제협력개발기구OECD 교육지표 2020〉 결과 발표, 교육부, 2020.9

__ 〈2020년 공무원 시험 준비 현황〉 조사, 2020.1, 잡코리아 & 알바몬

__ 〈Global Biotechnology Report〉, 2020.6, MARKETLINE

__ Apple CEO Tim Cook explains why you don't need a college degree to be successful, Mar 8, 2019, Businessinsider

__ The End of College: Creating the Future of Learning and the University of Everywhere, Kevin Carey, 2015

__ 《부의 미래Revolutionary Wealth》(2006). 앨빈 토플러, 하이디 토플러 저, 김중웅 역, 청림출판, 2006

__ 《21세기 핵심역량21st century skills: learning for life in our times》(2009), 찰스 파델 외 저, 한국교육개발원 역, 학지사, 2012

__ 《4차원 교육 4차원 미래역량Four-Dimensional Education: The Competencies Learners Need to Succeed》(2015), 찰스 파델 외 저, 이미소 역, 새로운 봄, 2016

__ 《라이프 트렌드 2021 : Fight or Flight》, 김용섭 저, 부키, 2020

__ 《언컨택트Uncontact》 김용섭 저, 퍼블리온, 2020

__ 《아이의 미래를 망치는 엄마의 상식》, 김용섭 저, 21세기북스, 2012

__ 《페이퍼 파워PAPER POWER》, 김용섭 저, 살림, 2009

__ JTBC 드라마 〈스카이캐슬〉(2018~2019)

__ SBS 드라마 〈펜트하우스〉(2020)

__ Coursera(www.coursera.org)

__ Udacity(www.udacity.com)

__ Singularity University(su.org)

__ OECD(oecd.org)

Part 3

프로페셔널 스튜던트에게 직업, 직장이란?

__ 하루 8시간 6개월 잡무, 30분 만에 끝낸 사회복무요원, 2018.12.18, 중앙일보

__ [마소콘 2019] '코딩하는 공익'이 '세상을 바꾸는 공익'으로, 2019.11.23, IT조선

__ 〈크롤러를 이용해 우체국 등기우편을 자동으로 정리해 보자〉, 2018.11, 반명현, 브런치(brunch.co.kr/@needleworm/1)

__ MS, 최대 2500만명 '사회적 디지털 교육' 지원 발표, 2020.11.18. bloter

__ LG생활건강, 단순 업무 '로봇'으로 대체 … 디지털 전환 속도, 2020.2.26, 전자신문

__ 대학교육 받아서 빚더미에? … 학위에 연연하지 않는 美 젊은층, 2020.1.22, 동아닷컴

__ College grads earn 80% more—but only 51% of Americans see college as very important, Dec 20 2019, CNBC Makeit

__ 언택트 비밀 병기 R사원 알고보니 로봇 동료, 2020.8.20, LG CNS

__ [View & Outlook] 코로나 위기서 기업이 살아남는 방법? … 괴물 같은 성과 내는 '10x 인재' 찾아라, 2020.10.22, 매일경제

__ 줄어드는 여성 일자리 … 오프라인 소매업의 종말 … 뉴-뉴노멀 이 온다, 2021.1.4, 조선일보 Mint

__ 도요타는 왜 지금 새로운 임금제도를 시도하는가?, 2020.10.26, HR Insight

__ 하나은행 '준정년 특별퇴직' … 만 40세 이상 직원 49명 떠나,

2020.7.31, 연합뉴스

__ 하나은행, 만 40세 이상도 특별퇴직, 2020.12.17, 머니투데이

__ 최태원의 야심작 … SK 직원교육 플랫폼 '마이서니' 곧 날개 편다, 2020.1.4, 동아일보

__ 스무살 차이 나는데 같은 '매니저' … 중후장대 산업에 부는 직위·직급 파괴 바람, 2020.12.26, 조선비즈

__ 출근할 땐 우버기사, 퇴근할 땐 음식배달 … 투잡 뛰는 '긱 워커' 전성시대, 2020.12.24, News1

__ '리스킬링'으로 '변혁'한다 … 쉘, S&P 글로벌, BMW의 원격교육 사례, 2020.7.28, CIO Korea

__ PwC 회장 "초경쟁의 시대, 세계 경제를 움직이는 힘 네 가지는…", 2020.10.20, 매일경제

__ IBM 인재채용의 기준은 자격증·졸업장 아닌 '스킬', 2018.10.31, 한국경제

__ [World & Now] 실리콘밸리의 '업스킬링' 열기, 2020.11.24, 매일경제

__ 이현희 한국IBM 인사총괄 전무, "뉴칼라, 학위보다 학습 민첩성 중요", 2020.12.11, 매일경제

__ Frey, C. B. & Osborne, M. A.(2013), The Future of Employment: How Susceptible Are Jobs to Computerisation?, Working Paper.

__ The Future of Jobs Report 2020, 20 October 2020, World Economic Forum

__ http://www3.weforum.org/docs/WEF_Future_of_Jobs_2020.pdf

__ Talent Trends 2019 : Upskilling for a digital world, 2019, PwC

__ These are the top 10 job skills of tomorrow – and how long it takes to learn them, 21 Oct 2020, World economic Forum

__ Employee upskilling & reskilling statistics: Casting light on the trend, 25 Jun 2020, talentlms.com

__ https://www.talentlms.com/blog/reskilling-upskilling-training-statistics/

__ Why skills are keeping CEOs awake at night, 05 Nov 2019, World Economic Forum

__ https://home.kpmg/xx/en/home/insights/2020/09/kpmg-2020-ceo-outlook-covid-19-special-edition.html

__ https://home.kpmg/xx/en/home/insights/2020/09/harvey-nash-kpmg-cio-survey-2020-everything-changed-or-did-it.html

__ 《규칙 없음No Rules Rules》(2020), 리드 헤이스팅스, 에린 마이어 저, 이경남 역, 알에이치코리아, 2020

__ 《파워풀 : 넷플릭스 성장의 비결Powerful: Building a Culture of Freedom and Responsibility》(2018), 패티 맥코드 저, 허란 & 추가영 역, 한국경제신문, 2018

__ 《잡 노마드 사회Job nomaden》(2001), 군둘라 엥리슈 저, 이미옥 역, 문예출판사, 2016

__ 《호모 노마드 유목하는 인간L'homme nomade》(2003), 자크 아탈리, 이효숙 역, 웅진닷컴, 2005

__ 《차이와 반복Difference and Repetition》(1968), 질 들뢰즈 저, 김상환 역, 민음사, 2004

__ 《코끼리와 벼룩The Elephant and the Flea》(2001), 찰스 핸디 저, 이종인 역, 생각의 나무, 2005

__ 《라이프 트렌드 2021 : Fight or Fligh》 김용섭 저, 부키, 2020

__ 《라이프 트렌드 2020 : 느슨한 연대 Weak Ties》 김용섭 저, 부키, 2019

__ 《당당한 결별 : 뉴 노멀 시대, 40대와 언더독의 생존 전략》 김용섭
저, 원더박스, 2016

__ https://blog.lgcns.com/2338?category=857802

Part 4
프로페셔널 스튜던트를 위한 진짜 공부는 무엇일까

__ '코로나 나우' 앱 만든 대구 중3생들은 '기부천사', 2020.8.2, 한국
일보

__ 코로나 나우 개발한 중학생 "꿈은 스타트업 CEO", 2020.3.6,
VentureSquare

__ 英 "코딩 못하면 국가미래 없다" … 5살 때부터 컴퓨터언어 교육,
2014.3.30, 한국경제

__ 2025년 정규 교과 도입되는 'AI 교육', 현장 반응은 '글쎄…',
2020.12.7, 조선일보

__ 삼성청년SW아카데미 3기 수료 년간 천여 명 취업, 2020.12.29,
삼성 뉴스룸

__ 新 신언서판, 2008.10.14, 머니투데이

__ 해외 석학 유발 하라리 교수에게 물었다 AI와 생명공학을 인류가
어떻게 하면 현명하게 사용할 것인가?, 2017.7.22, 중앙일보

__ '리스타트' 그러나 예전과 다른 길로, 2021.1.3, 조선일보 Mint

__ 린다 그래튼 교수 "AI와 협업할 수 있는 능력 길러라", 2017.9.26,
동아일보

__ 관행 뒤집힌 파월 연준 … '유대인 의장 공식'도 깨졌다, 2017.11.3, 연합뉴스

__ 〈2018 전국민 금융 이해력 조사〉 결과, 금융감독원 금융교육국, 2019.1

__ 문맹은 생활을 불편하게 하지만 … 금융문맹은 생존을 못하게 한다, 2015.9.1, 매일경제

__ 변종대출에 빠지는 20대·저소득층 … '금융문맹자' 주요 타깃, 2020.1.8, 비즈조선

__ 4차 산업혁명 시대의 '노동', '인공지능 로봇'이 대체할까?, 2020.10.2, 파이낸셜경제

__ Elon Musk: Robots will take your jobs, government will have to pay your wage, 2016.11.4., CNBC

__ The Highest-Paid YouTube Stars Of 2020, Dec 18, 2020, Forbes

__ https://www.forbes.com/real-time-billionaires/

__ The Shift: The Future of Work is Already Here, 2011

__ 100-year life: living and working in an age of longevity, 2016

__ The New Long Life: A Framework for Flourishing in a Changing World, 2020

__ 《라이프 트렌드 2021 : Fight or Flight》 김용섭 저, 부키, 2020

__ 《언컨택트Uncontact》 김용섭 저, 퍼블리온, 2020

__ 《실력보다 안목이다》 김용섭 저, 인플루엔셜, 2018

__ 《당당한 결별 : 뉴 노멀 시대, 40대와 언더독의 생존 전략》 김용섭 저, 원더박스, 2016

__ 《라이프 트렌드 2019-젠더 뉴트럴Gender Neutral》 김용섭 저, 부키, 2018

__ 《아이의 미래를 망치는 엄마의 상식》 김용섭 저, 21세기북스, 2012

__ 《특이점이 온다The Singularity Is Near : When Humans Transcend Biology》
(2005), 레이 커즈와일 저, 김명남 역, 김영사, 2007

__ 《호모 데우스Homo Deus: A Brief History of Tomorrow》(2016), 유발 하라리
저, 김명주 역, 김영사, 2017

__ 《인간은 필요없다 : 인공 지능 시대의 부와 노동의 미래Humans Need
Not Apply : A Guide to Wealth and Work in the Age of Artificial Intelligence》(2015),
제리 카플란 저, 신동숙 역, 한스미디어, 2016

위기를 기회로 만드는 사람들의 생존코드

프로페셔널 스튜던트
PROFESSIONAL STUDENT

1판 1쇄 발행 2021년 2월 18일
1판 12쇄 발행 2023년 8월 22일

지은이   김용섭
펴낸이   박선영

편집장   이효선
마케팅   김서연
디자인   어나더페이퍼
발행처   퍼블리온
출판등록   2020년 2월 26일 제2022-000096호
주소   서울시 금천구 가산디지털2로 101 한라원앤원타워 B동 1610호
전화   02-3144-1191
팩스   02-2101-2054
전자우편   info@publion.co.kr

ISBN   979-11-970168-7-5 (03320)

※ 책값은 뒤표지에 있습니다.